Karl Jansen

Aleander am Reichstage zu Worms, 1521

Auf Grundlage des berichtigten Friedrichschen Textes seiner Briefe zur vierten Säcularfeier von Luthers Geburt dargestellt

Karl Jansen

Aleander am Reichstage zu Worms, 1521
Auf Grundlage des berichtigten Friedrichschen Textes seiner Briefe zur vierten Säcularfeier von Luthers Geburt dargestellt

ISBN/EAN: 9783743684799

Hergestellt in Europa, USA, Kanada, Australien, Japan

Cover: Foto ©ninafisch / pixelio.de

Weitere Bücher finden Sie auf www.hansebooks.com

Aleander
am
Reichstage zu Worms
1521.

Auf

Grundlage des berichtigten Friedrichschen Textes seiner Briefe

zur

vierten Säcularfeier von Luthers Geburt

dargestellt

von

Professor Dr. phil. Karl Jansen.

Kiel, 1883.
Verlag von Lipsius & Tischer.

Die 400jährige Jubelfeier der Geburt des Reformators, welche das deutsche Volk in diesem Jahre begeht, fällt in eine Zeit merklicher Schärfung des grossen religiösen Gegensatzes, der unsere Nation zertheilt. Der Krieg von 1866, wo in Süddeutschland Evangelische in katholischer Umgebung für ihr Leben bangten, das Vaticanum von 1870, welches die Ausstattung eines Sterblichen mit dem zweifellosen Vorrecht göttlichen Wesens zum Dogma formulirte, das Jahr 1871, das eine deutsche Kaiserkrone auf ein evangelisches Haupt setzte, erneuerten mit Nothwendigkeit den alten Kampf zwischen dem deutschen Staate und der römischen Kirche.

Die Ausschliesslichkeit, die des Katholicismus Wesen wie Name ist, seine nur zeitweilig verhaltene Unversöhnlichkeit gegen jedes andere Kirchenthum trat neuerdings in der Frage der gemischten Ehen grell wieder einmal zu Tage. In einem unbewachten Augenblick ist einem anerkannten Vertreter und Vorkämpfer der römischen Partei im deutschen Volke das Geständniss entschlüpft: ein evangelisches Kaiserthum könnten sie nicht ertragen. Eine Versammlung der studierenden katholischen Jugend Deutschlands zu Frankfurt, der alten Kaiserstadt, hat das Lied gesungen:

> Den Gruss lasst erschallen
> Zum ewigen Rom,
> Zum Herzen, das uns allen
> Schlägt in St. Peters Dom.

Kein Wunder, wenn von solchem Standpunkt aus gesehen die ganze deutsche und europäische Geschichte eine Gestalt gewinnt, die jeden, der an eine höhere Leitung der menschlichen Dinge glaubt, mit unlösbaren Zweifeln erfüllen muss.

Um von andern zu schweigen, unter deren Händen z. B. Gustav Adolf nicht etwa von einem Engel zu einem Menschen herunter sinkt, sondern zu der vollendetsten und raffinirtesten Verkörperung diabolischer Bosheit verzerrt wird, geht bekanntlich eine umfassende, gelehrte und viel gelesene Darstellung der deutschen Geschichte im Reformations-Zeitalter darauf aus, diese Bewegung als den beginnenden Verfall der hoffnungsreichsten und blühendsten Entwickelung darzustellen.

Wie viel Schein von jenem römischen Standpunkte aus eine solche Auffassung hat, kann nicht verkannt werden. Es fehlt ihr sogar nicht an Folgerichtigkeit.

Denn jene viel gefeierte Herrlichkeit des sogenannten alten deutschen Kaiserthums halte auch ich für eine Täuschung, für nichts als ein Gebilde nationaler Sehnsucht und Hoffnung, nicht für eine entschwundene Wirklichkeit. Wenn Luther meint, Deutschland einem einzigen Herrn unterthänig, wäre „nicht zu gewinnen", so sind wir, einer glücklichen Wirklichkeit froh, mit ihm von Herzen einverstanden. Wenn er aber meint, der sächsische Heinrich wäre ein solcher einziger Herr über Deutschland gewesen, so weiss jetzt jedermann, wie fern der einem solchen Ziele stand. Und überblicken wir die kleine Reihe der hervorragenden Regierungen auch nur: Kaiser, deren ganzes Leben ein ergebnissloses Ringen um ihre Kaisermacht oder ein schmachvoll endender Culturkampf, oder eine lange Folge nutzloser Anläufe nach einem schliesslich doch als unerreichbar aufgegebenen Ziele war, Kaiser, welche das deutsche Volk von Rom sich setzen oder nehmen lässt, die nach Geburt, Sprache, Neigung nicht Deutsche sondern Welsche sind, die aus dem angestammten in das Wahl-Reich nur gelegentlich einmal wie zum Besuche kommen, solche „römische Kaiser" vermag ich nicht als Träger oder Zeugen nationaler Grösse anzuerkennen.

Kein Reich, kein Staat überhaupt, einzig und allein die Kirche, die all-eine katholische Kirche ist die Macht, welche im Mittelalter in wahrhaft überragender Hoheit und Glorie dasteht. Der gesammte europäische Grund und Boden ist mit Kirchengut durchsetzt, alle Staaten durch die gesteigerten Eingriffe päpstlicher und bischöflicher Gewalt in unbezweifelte Hoheitsrechte gelähmt, alle Gemüther durch tausend Fäden an den einen Mittelpunkt des allumfassenden Netzes gebunden. Grade so paradox und widersinnig, wie es klingt, genau so wahr ist es: die Kirche ist der einzige Staat des Mittelalters. Bonifaz VIII. wird sehr im Ernste gewesen sein, als er die Gesandten des vorgeladenen Albrecht anherrschte: „Ich bin der Kaiser, ich der Imperator".

Und war das nicht in der That ein idealer Zustand der Dinge, diese Herrschaft des göttlichen Wortes und Willens auch in allen weltlichen Angelegenheiten, diese Bändigung fürstlicher Uebergriffe und Launen durch die unwandelbaren Ordnungen ewiger Gesetze, dieses berufungslose Richteramt des göttlichen Statthalters auf Erden? War es nicht das sichtbare Reich Gottes selbst, um dessen Kommen wir bitten, die Erfüllung der Verheissung: ein Hirt und eine Heerde?

Wie traurig, ja wie unbegreiflich dann, dass die Geschichte auf diesem Wege nicht weiter gegangen ist.

Denn dass die Reformation mit einem gewaltigen Ruck die Räder der Zeit in eine ganz andere Bahn geworfen hat, leugnen auch die Gegner nicht. Fraglich bleibt nur, ob zum Segen oder zum Fluche des Menschengeschlechts.

Einen durchgeführten Nachweis für die evangelische Auffassung zu versuchen, ist nicht dieses Orts; für die einen wäre es zudem unnöthig, für die andern fruchtlos. Nur auf eins soll hier aufmerksam gemacht werden, weil es mehr als billig ist, übersehen zu werden pflegt und mit der folgenden Darstellung in dem allerengsten Zusammenhang steht, auf die hohe nationale und politische Bedeutung der Reformation.

Dass die nationale und die fürstliche Empörung über die „römische Tyrannei", deren ersterer Hutten den beredtesten Ausdruck gegeben, deren zweiter der entschiedenste katholische Fürst, Herzog Georg, fast am entschiedensten sich angeschlossen hat, untrennbar mit der religiösen Auflehnung gegen den Gewissenszwang des katholischen Priesters verbunden und ein mächtiges Triebrad in der ganzen Bewegung gewesen sei, ist zu offenbar, um übersehen zu werden. Weniger wird Luther die Anerkennung zu Theil, dass auch in ihm ein wahrhaft deutsches Herz geschlagen und vor Unwillen auch über die Fremdherrschaft und den welschen Hohn das germanische Blut in seinen Adern stärker pulsiert hat. Ist doch jenes „Schlachtsignal", seine Schrift an den christlichen Adel deutscher Nation gradezu ein Aufruf an sein Volk zu einer nicht bloss religiösen, sondern auch socialen und politischen Neugestaltung, die entschiedenste und ausdrücklichste Aufforderung zu einer gründlichen Befreiung des deutschen Kaiserthums vom römischen Stuhle, zur Losreissung „weltlicher Gewalt und Obrigkeit", zu deren Oberherrn „wider das heilige Evangelium" sich die Päpste gemacht haben, aus unnatürlichen Banden.

Am wenigsten aber wird die Thatsache gewürdigt, dass der deutsche „Staat", der moderne Staat überhaupt erst aus der Reformation geboren ist. Die Auflehnung gegen die Hierarchie, welche die Nationalitäten erstickt, musste ein Vorkampf für das Recht des Volksthums, eine Erhebung Deutschlands gegen den Romanismus der Anfang einer nationalen Selbstbestimmung des Germanenthums werden. 1526 nahm der werdende deutsche Staat das Recht in Anspruch, auch über seine kirchlichen Angelegenheiten selbst zu entscheiden und muthig hielt es 1529 der „standhafte" Ernestiner mit seinen Bundesgenossen in feierlicher Verwahrung fest. Schon hatte sich der kräftige Volksstamm des regermanisierten Nordostens, das preussische Ordensland, unter Albrecht I. vom römischen Kirchenstaate gelöst; die Stifter Norddeutschlands folgten. Im Augsburger Frieden musste der Romanismus, gezwungen und widerstrebend, nach seiner Auffassung einen ruchlosen Kirchenraub, nach seinem Ausdruck „den Abfall" des einst „so treuen Germaniens" über sich ergehen lassen. Gegen den glaubenseifrigsten und mächtigsten Herrscher der Zeit, Philipp II., wagte das kleine, aber harte holländische Volk, um seine religiöse Selbstbestimmung zu wahren, den Kampf auch für seine staatliche Unabhängigkeit aufzunehmen. Aus dem furchtbaren Trümmerfelde, das der 30jährige Krieg hinterliess, ragte doch gerettet, erweitert und gesichert der bescheidene aber unerschütterte Bau des evangelischen Kirchenthums hervor. Die wunderbare Blüthe des kleinen holländischen Gemeinwesens auf allen Gebieten menschlicher Bestrebungen, die Entwicklung der hohenzollernschen Besitzungen zu einem staatlichen Ganzen, die Ausbildung eines geordneten Erbkönigthums in Schweden, seine Erhebung zu einer europäischen Grossmacht, der Eintritt Dänemarks in das moderne staatliche Leben, alle diese politischen Bildungen sind erwachsen aus und mit der Reformation. Das englische Volk fand im Kampfe für seinen Herrn im Himmel die Kraft, auch seine staatliche Freiheit zu retten gegen den irdischen Herrn. Neu-England, der Kern eines Staatswesens, dessen erstaunliche Jugendkraft ein Mannesalter von nie gesehener Grösse ahnen lässt, ist recht eigentlich eine Schöpfung der Reformation; jenes selbe Freiheitsbedürfniss und dieselbe Gewissensgebundenheit, welche Luther unüberwindlich und siegreich machte, trieb die ehrwürdigen „Pilgerväter" aus der geknechteten Heimath über den Ocean in die Wälder und Wildnisse Amerikas. Ihre Enkel, das Geschlecht von 1776, nahmen die staatliche Unabhängigkeit mit nahezu denselben Worten in Anspruch, wie die „Protestanten" von 1529, mit einem feierlichen Anruf des höchsten Weltenrichters für die Lauterkeit ihres Wollens. Endlich die Gestaltung Deutschlands zu einem nationalen Gemeinwesen, zu einem wirklichen, zum ersten Male deutschen Reiche, wenn auch noch preussischer Nation, die Einigung Italiens aus gleicher Zerrissenheit sind — beide Staaten fühlen es an der Erbitterung des gemeinsamen Gegners — Consequenzen der protestantischen Bewegung; wie der deutsche Katholicismus zu seinem Heile widerwillig oder willig von Anfang an die Wirkungen der Reformation an sich erfahren hat, so ist auch Italien auf politischem Gebiete dem Protestantismus verfallen.

Sehen nun diese evangelisch-germanischen Staatenbildungen nach Verfall und Absterben aus? Sollte England von den Zeiten der Elisabeth an mit Spanien von den Zeiten Philipps II. an, sollte Preussen mit Oesterreich, Deutschland mit Italien, die reformierte Schweiz mit der katholischen, die Republik Holland mit der Republik Venedig, Schweden mit Polen den Vergleich zu scheuen haben? Will es nicht scheinen, als wenn doch die grössere Kraft und Festigkeit des Staatsbaues hier auf dem gesunderen Stahl der religiös-sittlichen Triebfedern beruhe?

Wie dem sei, soviel ist gewiss, dass die genannten Nationen oder Staaten in Kunst und Wissenschaft, Krieg und Frieden, Religion und Sitte Werke hervorgebracht, Thaten gethan, Tugenden entfaltet haben, ebenbürtig jeder noch so gefeierten Blüthezeit irgend eines grossen Volkes des Alterthums. Wenn aber nun dieses jugendfrische und kräftig aufstrebende Leben seit der Reformation sich zu regen beginnt, so ist diese schon aus dem einen Grunde der gründlichsten Erforschung werth.

Einen Kampf versteht aber keiner, der nicht beide Gegner kennt. Von ganz besonderem Interesse ist es vollends, wenn man dem Feinde in die Werkstätte seiner Entwürfe, in die Quelle seiner Gedanken, in das Herz seiner Empfindungen schauen kann. Diese Möglichkeit bieten denen, welche die Reformation zu verstehen und zu würdigen lernen wollen, die Briefe Aleanders vom Wormser Reichstage an den Cardinal-Staatssecretär Julius von Medici, späteren Clemens VII., ein vertrauensvoller Erguss des Werkzeugs gegen den Auftraggeber, ein rückhaltloses Bekenntniss des Eingeweihten gegen den Eingeweihten, eine unfreiwillige Offenbarung echt römischer Staatsweisheit.

Dass die vorliegende Schrift diesem Interesse allein ihre Entstehung verdankt, wird sie selbst zu erweisen haben.

I. Die Briefe und ihre Verwerthung.

Soweit bekannt, sind die Aleandrischen Berichte zum ersten Male von Pallavicini für seine Geschichte des tridentinischen Concils benutzt worden; indess doch nur in beschränktem Umfange.

In der Mitte des 18. Jahrhunderts waren sie nach dem Zeugniss Mazzuchellis[1]), der sich auf den Bericht des Custoden Giovanni Bottari stützt, in der Vaticana entweder nicht mehr alle vorhanden oder doch nicht zugänglich. Im Sommer 1786 „geriethen sie durch einen Zufall in einer römischen Bibliothek" dem bekannten dänischen Theologen Professor Münter „in die Hände". Dass diese Bibliothek die des collegium romanum gewesen ist, erhellt aus der brevis historia Nunciaturae ab Hieronymo Aleandro susceptae, die er 1789 in dem Kopenhagener Universitätsprogramm veröffentlichte. Erst 1798 erschien von ihm in den „vermischten Beiträgen zur Kirchengeschichte" eine ausführlichere, deutsch geschriebene „Geschichte der Nunciatur Hieronymi Aleanders auf dem Reichstage zu Worms 1521."

---

[1]) Gli scrittori d'Italia I, 422.

Dieselbe besteht aus 13 einzelnen Paragraphen, die keineswegs etwa eine innerlich zusammenhängende Reihenfolge darstellen. Sie ist ohne eine durchgreifende Anordnung des Stoffes und sieht von jeder Darlegung des zeitlichen, also auch ursächlichen Zusammenhangs ab. Auch die ihm vorliegende Abschrift der Briefe hat bei mehreren derselben keine Datierung mehr gehabt und ein Versuch zu einer wenn auch nur annähernden Ergänzung des Mangels wird nicht gemacht. Den offenbar ersten Brief aus Worms nennt Münter (55) „einen seiner früheren Berichte"; den unzweifelhaft zweiten „den dem Anschein nach ältesten aus Worms". (67). Seite 59 macht er einen Brief des Staatssecretairs vom 21. Aug. 1521 zur Antwort auf ein Schreiben Aleanders vom Februar oder Ende März. S. 61 setzt er in Bezug darauf wieder eine Aeusserung aus einem Briefe Aleanders vom December 1520 und schliesst hieran eine Stelle aus dem Bericht vom „letzten Februar" 1521. Die noch Ende April (s. w. u.) nicht in der gewünschten Form angelangte Bulle gegen Luther und seine Anhänger im Allgemeinen (ohne Huttens Namen), wird mit der vom 3. Jan., die Aleander als unzweckmässig verwirft, identificiert. Bedeutende Stücke der Briefe giebt Münter in Uebersetzung; dabei lässt er aus, was ihm von dem italienischen Texte nicht passt, z. B. 68 das freilich unverständliche et altri presenti così passando (Br. 2, S. 93 bei Friedrich), 73 e valvis, das mit seiner Erklärung nicht stimmt (Fr. 96 oben), 89 usarsi (Fr. 120 u.), ebenda quanto a io. Das Verständniss ist nicht ohne Ungenauigkeiten und Irrthümer (s. w. u.). Der italienische Text[1]) erscheint nur in kurzen Auszügen und zeigt zum Theil schon dieselben Verderbnisse, wie bei Friedrich.

Zuletzt (1871) hat J. Friedrich in den Abhandlungen der Münchener Akademie (III Cl. XI B. III Abth.) „den Reichstag zu Worms im J. 1521 nach den Briefen des päpstlichen Nuntius Aleander" behandelt und einen Abdruck derselben beigegeben, wie er sie 1869 „in einer Abschrift auf der Stadtbibliothek zu Trient (Cod. Mazzetti 40)" vorgefunden hatte.

Diese Sammlung ist zunächst eine sehr lückenhafte; in nicht weniger als 7 Briefen lesen wir Verweisungen auf Mittheilungen früherer Briefe, die in den vorliegenden nicht zu finden sind. Ausserdem weiss Münter eine Reihe von Dingen, von welchen in dem Friedrichschen Abdruck nichts vorkommt. Der ganze ausführliche Bericht über die entscheidenden Sitzungen des 17. und 18. April, über die Verhandlungen der folgenden Tage, über Luthers Abreise, die Münter gehabt hat, fehlen.

Die erhaltenen Briefe liegen dem Leser des Friedrichschen Abdrucks in einer äusserst verwahrlosten Gestalt vor. Da der Herausgeber sich über den Zustand der Handschrift, über die etwa von ihm befolgten Grundsätze der Wiedergabe, Schreibung und Zeichensetzung nicht ausspricht, so weiss man nicht, wen man dafür verantwortlich machen soll, leider auch nicht, ob die vielen abweichenden und unregelmässigen Wortformen und Endungen auf Ueberlieferung oder Zufall und Irrthum beruhen.

---

[1]) Die Müntersche Abschrift, die doch gemacht sein wird, ist nach freundlicher Mittheilung seines Enkels, des Prof. Mynster in Kopenhagen weder auf der königlichen noch auf der Universitäts-Bibliothek zu finden. Ein um so grösserer Verlust, da sie die Aleanderschen Briefe ziemlich vollständig und wie man (S. 59) gelegentlich sieht, auch einige wenigstens vom Staatssecretär enthalten haben muss.

Soviel erkennt man jedoch bald, dass das Italienische von der mustergültigen Art eines Machiavelli Guicciardini u. a. nicht ist. Eine Reihe von Abweichungen theils vom modernen, theils vom damaligen guten Sprachgebrauch lassen sich an der Regelmässigkeit, mit der sie wiederkehren, soweit erkennen, um auf Rechnung entweder Aleanders selbst oder seines Schreibers [1]) gesetzt werden zu können.

Das Casuszeichen des Genetiv ist bald de bald di. Der Artikel lo erscheint auch vor einfachen Consonanten, das (nach Blanc 170) seit Dante nicht mehr vorkommende el (nom. s.) unterschiedslos für il (el presente, el signor (100), el tempo (102), dicht daneben il sforzo; für gli als nom. pl. durchgehend li (z. B. studi). Von den Pronominibus werden loro für eglino, la für ella (nom.), le für elle und elleno, lo, el und li als Determinativa vor dem Relativ, auch vor substantivischen Genetiven verwendet. Am abweichendsten von der classischen Form ist die Conjugation. Conjungano, defendano, advertano, sommergano, favoriscano u. ä. für conjungono u. s. w. spricht nach Blanc nur noch die Menge in Florenz. Indess hat Münter für das Friedrichsche conjungono conjungono und Friedrich selbst einmal (97) neben favoriscano das gleichfalls veraltete favorisceno, dem moveno, dissuadeno, temeno, freilich wieder neben temono (110), an die Seite treten. Provamo u. ä. findet sich noch bei Dichtern. Invitorono u. ä. Formen für invitarono scheinen vorzuherrschen.[2]) Im Conjunctiv begegnet als 1ste wie 3te Person dichi, mantenghi, possi, fenghi, metti, ponghi u. a., daneben aber auch wieder vengha. Die 1 p. s. conj. imp. endigt auf e: fosse, havesse, dicesse, proponesse, devesse, vedesse, was leicht zu grossen Missverständnissen Anlass giebt. Einzeln kommt auch vide für vidi, scrisse für scrissi vor. Die jetzt nur conjunctivischen Formen: fossemo, facessemo, promettessimo, conferissemo (98), domandassemo, respondessemo, dicessimo, intrassimo u. ä. werden als die entsprechenden Indicative nach Fernow (310) durchweg auch vom römischen Volke gebraucht. Doveressimo (90) saperessimo (118) haveressimo (132) sind gleichfalls Romanismen, so dass „havevessino (!)" (143) nur haveressimo gelesen zu werden braucht, um sein Ausrufungszeichen zu verlieren. Auch einzelne Ausdrücke und Redensarten, z. B. per niente stehend für „ja nicht", „um alles nicht" statt des in allen Lexicis stehenden „umsonst", torcere la coda[3]), avere nel naso, (avoir q. dans le nez), das pleonastische ne (de quali ne sono pienissimi,(123), di lui se ne hanno fatto scudo (126), del che ne ho (128) u. s. w.) das gleichfalls überflüssige con bei meco und manches andere deuten theils auf Gewöhnung an dialectische Redeweise theils auf ein wenig entwickeltes Sprachgefühl.

---

[1]) Dass Aleanders spätere Schrift „consilium super re Lutherana" die Hand eines deutschen Abschreibers zeige, „den er mit sich aus Deutschland gebracht haben müsse", bezeugt der Custode Bottari. (Mazzuchelli 622.) Ich halte dafür, dass der Zustand des Textes, namentlich die schwankende und regellose Vocalisation sich aus der mangelhaften Sprachkunde eines Ausländers, der vielleicht Italienisch in Rom und Florenz auf der Strasse gelernt hatte, wohl erklären liesse.

[2]) Ob quad (118) observatum (135) appresso, abstinate, besagno u. s. w. irrthümliche Lesungen oder mundartliche Thatsachen sind, wage ich nicht zu entscheiden.

[3]) Münter hat, nach seiner Uebersetzung zu schliessen, corda gelesen. In den mir zugänglichen Wörterbüchern ist die Redensart nicht zu finden. Das der Crusca findet sich auf der Kieler Universitäts-Bibliothek nicht. Uebrigens könnte corda, wenn es das richtige ist, darauf führen torcere mit dem angemesseneren tendere zu vertauschen. Bekannt und geläufig ist heute weder die eine noch die andre Redensart.

Dieses Italienisch ist nun stark mit lateinischen Wörtern und ganzen Sätzen untermischt, so stark, dass ein lateinisches Substantiv mit einem italienischen Attribut, z. B. a reprobo sensu (122) — denn reprobus ist spätlatein und heisst auch nur unecht — oder eine lateinische Copula mit einem italienischen Prädicat verbunden erscheint. (si possibile est (108 u.); einem Latein von zuweilen so barbarischer Art, dass es sich kaum immer auf die Unwissenheit eines Abschreibers oder auf falsches Hören des etwaigen Secretärs zurückführen lassen will. Verschrieben werden sein: quod et factus fuit (90), hominem Germanicus condemnatum (91), solum (für solus) cum solo (92) conquerit (93), a prima litera usque ad postrema (95), in convento (103) neben conventu (94), non cernere für non cernunt (122). Selbst risposi, quod ego etiam optarem (92), quidquid sit in illis (98), persudear (136), quod vix credidissem (121) und einiges ähnliche nicht classische mag wie ein Hutten so auch Aleander sich erlaubt haben. Aber befremdlich bleiben bei einem italienischen Humanisten des 16. Jahrhunderts von so vollendeter Classicität, wie Aleander galt und sich auch in seinen lateinischen Briefen und Schriften bewährt, zumal in ihrer Häufung Sprachwidrigkeiten, wie die folgenden: quamvis questo semper et ubique facerem et faciam (90), inscio Cardinalis (97), nihil gratius audire est (124 u.), li mostro che in quocumque sensu capiebatur (sic) ea de quibus disputabatur erano le cose mali et intolerabili (131), aliter quam Confessor adducebat (131 u.) für „anführte", rebus sic stantibus (132), in ictu oculi (98) in einem Augenblick.

Die Schwierigkeit für den Leser des Friedrichschen Textes zu der wirklichen Urschrift, ja überhaupt nur zu einer lesbaren Gestalt der Aleandrischen Briefe zu gelangen, wächst noch durch die — Achtlosigkeit, mit welcher der Abdruck selbst zu Stande gekommen ist. Denn wenn man auch keineswegs alle die zahlreichen offenkundigen Fehler, welche nicht durch ein (sic) oder ein (?) als vorgefundene von Friedrich selbst gekennzeichnet sind, auf die Rechnung des Herausgebers setzen will, wozu man berechtigt, ja streng genommen verpflichtet wäre, so bleibt doch eine recht lange Reihe von Irrthümern augenscheinlichster Art übrig, für welche derselbe durch unbeanstandete Wiedergabe oder ausdrückliche Anerkennung die Verantwortung übernommen hat.

. S. 60 in der Anmerkung zur vorigen Seite steht ... cum ipsa (Germania) per se Lacedaemonia paupertate commenta sit. Man wird das für einen jener bösen Druckfehler halten, wie sie auch dem sorgsamsten Auge zu entgehen pflegen und das von selbst sich aufdrängende contenta sit, das die Handschrift hat [1]) und der 1873 erschienene Abdruck von Horawitz (Michael Hummelberger) auch bietet, dafür einsetzen. Auffällig bleibt aber, dass Friedrich die gesammte Stelle übersetzt, und den durch commenta sit unverständlichen, keineswegs bedeutungslosen, Nebensatz weglässt. S. 90 erzählt nach dem Friedrichschen Text [2]) Aleander seinem Vorgesetzten, dass wegen der Kürze des kaiserlichen Aufenthalts, wegen der Geschäftsbehinderungen des Erzbischofs, wegen der Verkehrtheit

---

[1]) Die Handschrift (Cod. lat. 4007 der Münchener Bibliothek) hat für t die Form ꞇ und das en zwischen den beiden t ist nicht ausgeschrieben. Gütige Mittheilung des Herrn stud. jur. Lüders.

[2]) Die Tridentiner Handschrift selbst zu vergleichen wurde ich auf meiner italienischen Reise durch Krankheit verhindert. Ein Versuch, sie leihweise nach Kiel zu bekommen, ward mir auf Grund früherer Erfahrungen von kundigster Seite als hoffnungslos bezeichnet. Da so die folgenden Verbesserungen auf äussere Beglaubigungsmittel sich nicht stützen, mögen sie hin und wieder selbst der Berichtigung bedürfen.

der beauftragten Diener und wegen der Bosheit der von Alters her schlechtgesinnten Stadt (Mainz) eine recht getreue Ausführung (der Bulle) geschehen sei! Der Zusammenhang fordert mit Nothwendigkeit die Einschiebung eines non oder die Vertauschung von fido mit infido [1]). Auf derselben Seite unten heisst es ... li laici gia infetti per le predicationi et libri volgari di qto più che milliarij ... offenbar für *volgati*. In demselben Satze (91 o.) ist si moveno assai a creder tali libri mit dem vorhergehenden in offnem Widerspruch und wohl mit smoveno in der Bedeutung sich abbringen lassen zu vertauschen. Auf derselben Seite steht 2 mal das sinnlose in dicta causa für indicta causa. S. 96 bietet zufällig Münter (75) für das bei Aleander stehende ... che intriccano tutti li beneficij das offenbar vollständigere und deutlichere: che inlicciano (?) tutti li beneficii *di Alemagna non contenti che habbino infiniti beneficii*. Bezeichnend für die Inconsequenz der Schreibung ist, dass derselbe Ort, der S. 100 mit Seltradien, angedeutet wird, wenige Zeilen weiter (101) als Steltsadten, erscheint; da Schlettstadt gemeint ist, wie S. 129 deutlich wird, die Heimath Butzers, so muss Aleander Selestadieno geschrieben haben. Von der allzu oberflächlichen Correctur geben Stellen eine Vorstellung wie S. 103 non ce piu speraufa für non c' è più speranza. Dass aber zum Theil diese Verderbnisse garnicht als solche erkannt sind, zeigt die Lesart (S. 103) ... quamvis ... Cleri uterer oratione, die wir S. 70 von Friedrich selbst durch eine Uebersetzung anerkannt sehen: „die Secretäre des Sachsen haben allein" (diess Wort steht nicht im Texte) „seine aus Mangel an Zeit in der Sprache des Clerus gehaltene Rede aufgeschrieben." (Im Texte nur multa excipiebant). Dem Leser entstehen hier, sollte man denken, ganz abgesehen von oratio Sprache, sofort zwei Bedenken: welche Sprache ist die des Clerus? Lateinisch? Hunderte von Humanisten und Juristen haben doch ebenso sehr wie die Cleriker Latein geschrieben und gesprochen! Gesetzt aber, Aleander habe die lateinische Sprache so benannt, weil sie lange in der That auf den Kreis der Geistlichen beschränkt geblieben war, kann man denn lateinisch rascher sprechen, als andere Sprachen? Giebt es, so zu sagen, in dieser eine Stenologie? Und was soll ausserdem das admodum vor Cleri uterer oratione? Ich brauchte sehr die Sprache des Clerus? Man hat sich noch nicht lange mit diesen Scrupeln gequält, so sieht man sich durch die Einschiebung eines einzigen kleinen e aus aller Noth seines logischen Gewissens erlöset und liest: ... et li secretarij del Duca Saxone qui excipiebant multa, quamvis, dum timeo, ne mihi tempus deesset, admodum celeri uterer oratione ...; um alles anzubringen, was er gegen Luther auf dem Herzen hat, spricht er besorgt, mit der Zeit nicht auszukommen, recht rasch — Aleander rühmte sich einer läufigen Zunge: lingua non admodum tarda [2]) — und die sächsischen Secretäre fangen doch vieles auf. Das lässt sich verstehen.

Nach diesen Proben wird es genügen, die übrigen Fehler und ihre theils augenscheinlichen theils muthmaasslichen Heilungen neben einander zu stellen. Die Begründungen der letzteren werden soweit sie erforderlich scheinen, entweder unter dem Texte angeschlossen werden oder in der weiteren Darstellung geeigneten Orts nachfolgen.

---

[1]) Da auch S. 115 (u.) von dovea, 122 (m.) von hanno valute, vielleicht auch S. 136 vor omnia ein non zu ergänzen ist, scheint es, als ob Friedrich eine Abkürzung dafür nicht als solche erkannt hat.

[2]) Brief an Hummelberg vom 4. Aug. 1511.

Gelesen wird:	Zu lesen ist:
S. 91 dicono che non si poteva	*dicevano* che n. s. p. (oder dicono che fällt weg.)
" " imo che dicono	*imo dicono.*[1])
" 92 et Laodicen	*el* Laodicen.
" " amora	*ancora*
" " sono	*so* oder *so io*
" " riferimo	*riferirono* oder *riferiscono*
" " quello havevamo trattato	quello *che* h. tr.
" " il che Jo risposi	*al* che i. r.
" " gallie (sic)	*gloriae*
" " de quali sono molto infetti	d. q. s. *molti* i.
" " multi Principes et praesertim nobilibus	m. pr. et pr. *ex* nobilibus.
" 93 che huomo nascesse	h. *il più sincero* che n.[2])
" " quello me par	quello *che* me par
" 94 mo parlamo	*nondimeno* parl.[3])
" 95 El detto S.re rabbia	El d. S. *ha una* r.[4])
" " si deverebbe abbrucciar	s. d. a. *i loro libri*[5])
" " deffensor di Prediconi	d. di *predoni*
" " le cose segnate per me	le cose *bisognate* per me.[6])
" 96 che favoriscano	che *gli* favoriscano
" " li tero affeti	li *loro* affe*tti*
" 97 ogni anse et occasione	ogni ansa et ogni occasione[7])
" " Cesar omnino ha molto nel naso	C. o. *l'*ha m. n. naso
" " dararsi	*darassi*
" " insitia (sic)	insania oder *inscitia*
" " se se expedimo	se *ci* expedimo[8])

[1]) Diese und entsprechende Aenderungen gebe ich, bei den erwähnten, obwaltenden Bedingungen, unter Vorbehalt: Wiederholung oder Verwendung eines unnöthigen, Auslassung eines nöthigen che kommt bei den alten Classikern vor (Blanc 588).

[2]) Münters Uebersetzung („der Kaiser hat die beste Gesinnung von der Welt. Seit 1000 Jahren hat kein redlicherer Mann gelebt") macht eine ähnliche Ergänzung der auch sprachlich bedenklichen drei Worte wahrscheinlich. Der italienische Text Pallavicinis deutet nicht darauf.

[3]) Münter 71.

[4]) Rabbiare scheint nicht zu existieren; indess liest auch Münter so.

[5]) Nach Münter 73.

[6]) Wie Friedrich segnate verstanden haben mag, ist nicht zu ersehen. Münter (73) übersetzt falsch „addressiert" und verbindet per il mio danaro mit segnate; ausserdem lässt er e valvis aus und gelangt zu folgender sinnloser Uebersetzung: „die an mich für mein Geld addressierten Sachen schlagen sie mir ab, wollen sie höher als die andern bezahlen — löschen meinen Namen aus". Bisognate ergiebt folgenden Sinn: „Was ich bedarf verweigern sie mir selbst für mein Geld, obwohl ich es theurer bezahlen will als andere" (nach Pallavicini wollten ihn die Wirthe unterwegs nicht aufnehmen) „und tilgen meinen Namen von den Thüren" (meiner Wohnung.). Wenn die Fürsten ihre Wappen vor ihren Herbergen anbrachten, wie Johann der Beständige 1529 mit den Buchstaben V.(erbum) D.(omini) M.(anet) J.(n) A.(eternum), so werden andere auch ihre Namen angeschrieben haben.

[7]) Münter.

[8]) Da diese Vertauschung wiederkehrt, mag sie auf einem mundartlichen Fehler beruhen.

	Gelesen wird:	Zu lesen ist:
S. 100	slongheggiamenti	*stancheggiamenti*
„ „	se deporti	se *diparti* (diparta)
„ „	monasterien.	Monasterien.[1]
„ „	commincia a stridar et far el trenta para (?)	c. a st. e far el *trenta mila-paga*[2]
„ 101	me ci faccia	me *si* faccia
„ 102	l'ha scritto	*ha* scritto
„ „	di peggiori	*de'* peggiori
„ „	et la sua bolla	et *della* sua b.[4]
„ „	poi per dirlo	poi *sono* per d.
„ „	al 'honor	*el* honor
„ 103	ne lo adscrivo questo	ne *io* adscrivo q.
„ 104	devemo responder	*devono* resp.
„ „	pericolo di continuo	pericolo cont.
„ „	quanto fosse	quanto *se* fosse
„ „	assai ho lassato	*mai* ho lassato.
„ 105	rechiassemo	*richiamassemo*
„ „	Imperio. Ma . . .	imperio, ma
„ „	se non se fossero de meggio	se non *si* f. *messi* de m. oder *intraposti*
„ 106	che ne l' Duca Saxone havuto	ch nè 'l D. S. *l'ha* havut*a*
„ „	commincar	*communicar*
„ „	in primum	in *patriam*
„ „	recondandoli	*ricordandoli*
„ 107	. . . mugiti, che pareva un foro	m. che p. un *toro*[4]
„ „	expeditioni[3] (bis)	*exemtioni*
„ „	per l'amor di Dio che si che	p. l'a. d. D. si che
„ 108	El si noi instamo	*Et* s. n. i.
„ „	decino	dicono oder *devono*
„ „	et loro dicono	loro dicono[6]
„ „	la fede diligentia	la f. *et* diligentia
„ „	instruttioni, che ha preso	instruttioni, ha preso . . .
„ „	detta	*dette* (diede)
„ 109	non si fa	si fa[7]

---

[1] Nach S. 130 ist von einer münsterschen Präbende die Rede.
[2] Dass dieser oder einer von den ähnlichen Ausdrücken trentancanna, trentavechia sowohl mit dem Sinne als mit der vorliegenden Lesart aufs erwünschteste stimmt, ist nicht zweifelhaft. Woher aber die Bedeutung Popanz, Schreckbild, Teufel?
[3] Vgl. Friedrich 115 u.
[4] S. 128 kehrt derselbe Ausdruck in derselben Sache wieder.
[5] Schon bei Münter, wenigstens das zweite Mal. Vielleicht ist con tante expeditioni ganz zu streichen.
[6] Das et würde den Nachsatz als solchen beseitigen.
[7] Wenn nicht vielleicht das non von einem im Sinne liegenden non dubiti herrührt.

Gelesen wird:	Zu lesen ist:
S. 109 si vedi	si *deve*
„ „ han detto	*hammi* detto
„ 110 inconfesso	in confesso
„ „ desdita	*dispetto*
„ 111 haverei	*haverci*
„ 112 el che per farmi	*et ciò* p. f.
„ 113 Ma se V. S. Rma	Ma V. S. Rma [1]
„ „ crida Luther	*crede a* Luther [2]
„ „ creda la morte	*grida* la morte
„ „ acciò	accioc*hè*
„ 114 certo è che si fa	c. è che *se* si fa
„ „ lo l'ho fatto	*io* l'ho fatto
„ 115 inver	*innuere*
„ „ esser sta impresa tal opinion	e. s. impr*essa* t. o. (eingeprägt!)
„ „ per ancor et honor	per *amor* e. h.
„ „ dovea publicarla	*non* dovea p.
„ 116 lui se parli li doi di seguenti	lui si *parti*. Il di seguente [3]
„ „ haver di besogno veder	haver besogno *di* veder
„ „ che insurger	*d'*insurger
„ „ sapeva benchè	s. *ben, che*
„ 117 jetrastico	*tetrasticho*
„ „ ne mostro	*me* mostro
„ „ non ci stancheggino	non *si* st.
„ 118 pare che habbi melior	p. che h. m. *animo*
„ „ resto	resta
„ „ in tutte sue lettere	in t. s. l. *ripete* od. ingiugne
„ „ et nihil potuerit esse nobis conjunctim (?)	*ut* n. p. e. n. conjunc*tius*
„ 119 non obstant, che	non obstan*te*, che
„ 120 increduliti	*inveleniti* [4]
„ „ usarsi	*usarassi* (cf. 97)
„ „ ricercano	ricerc*avamo* [5]
„ „ haverno	*havremo* [6]
„ 121 partira e sarà	p. e s. *a Vittenberga* ... [7]

[1] Nach Münter.
[2] Das folgende se non se cura l'editti di Luther kann nicht mit crida, sondern mit crede als wesentlich gleichbedeutend angesehn werden.
[3] Nach Münter; jedoch ist Il doi di seguenti möglicher Weise zu halten.
[4] Incredulili, selbst wenn es sich bilden liesse, würde nicht das dem Sinne nach nothwendige sagen.
[5] Bei Münter ricercamo.
[6] Nach Münter.
[7] Der Tag der muthmaasslichen Ankunft fehlt auch.

Gelesen wird:	Zu lesen ist:
S. 121 XVI giorni	*XXI* giorni ¹)
„ 122 ci ponghi la mano	ci *porghi* la m.
„ „ omnino hanno valute	o. *non* h. valut*o*
„ „ nisi redeat ad cuor (?)	n. r. a. *rationem*
„ 123 purchè	p*e*rchè
„ „ ha dato supra	h. d. *fuora*
„ „ uno de Sconemberg	*u*. d. *Schonenberga* ²)
„ 124 mettereno	metter*emo*
„ „ appresso	*o*ppresso ³)
„ „ intention	estinzione
„ „ è	a
„ 125 non potira partir senon disconso	n. p. p. s. *sedato lo sconcio* (?) ⁴)
„ „ la fede privati et temporali affetti	la f. *con* p. e. t. a. ⁵)
„ „ sodisfano	*diffidano*
„ „ tiene	*tieneno* ⁶) (tengono)
„ 126 quidquid agant alli questui, el per sua	quidquid agant *alii*; questui *et* p. s.
„ „ facile a	f. a *dimostrar*
„ 127 utitur non	utitur *nam*
„ „ quocumque interimere hominem	*quem*cunque i. h.
„ 128 fa	*fanno*
„ „ melamonicus	*melancholicus* (?)
„ „ ex qui (?)	*ex quo*
„ 129 elimatione	*emulatione*
„ „ multo tempo fu	m. t. *fa*
„ „ paroletta che	p., *dico io* che ⁷)
„ „ che si venghino	che si tenghino
„ „ Martino Putser	Martino ⁸)
„ „ campo terribile brongino	*stampo* terribile *bronzino* (?) ⁹)

¹) S. Walch XV, 2123.

²) Der Titel der hier erwähnten Ausgabe „der 13 ersten Psalmen Davids" ist: Martini Lutheri piae ac doctae in psalmos operationes. Anno MDXXI. Auf Blatt a II ᵃ — a IIII ᵇ steht Ulrich Hugwalds Schreiben an Deutschland d. d. a. XXI ex Schonenberga, in welchem nach Aleander dieser „huomo nuovo" all sein grossames Gift gegen Rom schleudert und Deutschland zum Kampfe aufruft. Freundliche Mittheilung des Herrn Pfarrer Knaake.

³) Diese öfter vorkommende Verwechselung wirkt hier sinnstörend, da tener oppresso doch offenbar heissen soll: unter dem Drucke, in Furcht halten.

⁴) Der Sinn, wenn auch vielleicht nicht die Worte, müssen nach dem Zusammenhang diese sein. Münter lässt die Worte von dal che bis disconso weg.

⁵) Münter scheint per gelesen zu haben (84), was bei intricare Br. 2 S. 93 vorkommt.

⁶) Vieneno S. 133.

⁷) Ohne ein ähnliches Verbum wäre alla barba nicht verständlich.

⁸) 5 Zeilen weiter erklärt A. selbst, dass er nur seinen Mönchsnamen kenne. Erst in einem späteren Briefe setzt er den Familien-Namen hinzu.

⁹) stampo wird gleich stampa Art Schlag Gattung sein; z wechselt mit g auch in andern Ausdrücken, z. B. bertizare für berteggiare (126).

	Gelesen wird:	Zu lesen ist:
S. 130	tengo fidarmi di lui	*fengo* f. d. l.
„ „	che tutti	che *di* tutti
„ „	sij sta dichiarato	s. st. d. *heretico*
„ „	ammazzarse	ammazzar*ci*
„ 131	de dita opera	*dedita* opera
„ 132	cum Cesare et non el Confessor	c. C. et *con* el Conf.
„ 133	chel spera farà	chel spera *fare*
„ „	et che vole che	*et vole che*
„ „	faremo	*faranno*
„ „	movemo	*moveno*
„ „	vorrei benche	v. *ben, che*
„ „	videre tum nolunt	v. *tamen* nolunt
„ 134	perchè el nostro dir	p. *al* n. d.
„ „	se remettiamo	*ci* remettiamo
„ „	pareva	parerà, (parrà)
„ „	veh illis per quos scandalum venerit et illis etiam per quos scandalum veh illis inquam, quamlibet magni sint	veh illis per quos scandalum venerit, veh illis, inquam, q. m. s.
„ 135	si per la grande verbosita	*et*[1]) p. l. gr. v.
„ „	ma per il scrivere	ma il scrivere
„ „	ut potius	*et* potius
„ „	se facessero	*ci* f.
„ „	pueri ... puellae	p. *atque* puellae
„ „	cose temporali: et advantaggio intendendo	cose temporali et advantaggio; *intendo*.
„ „	tempo (sic)	*nembo*
„ „	la incognata affettione	la *incagnata* a.
„ „	parole non deterreret	p. *deterreret*
„ 136	dissimo dicessimo	*dissimo* (oder dicemmo)
„ „	interrogaretur simpliciter	int. s., *si vellet revocare*
„ „	et omnia fierent	*nisi* (se non) omnia fierent[2])
„ „	fu detto quel logiamento	f. d. *che'l* l.
„ „	di quello era	di q. *che* era
„ „	13 Apr.	13 Ap.[3])
„ 137	se non fosse nominati altri	se n. *fossero* n. a.
„ „	perochè per ho (?) se pol	p. *prego se* si p.
„ „	finchè non costi che	f. n. costi
„ „	cum mille terribili capo buono è	c. m. t. *capi*; buono è

---

[1]) Das erste Glied ist *et* per *non riferir* ...
[2]) Nothwendig gefordert durch die Gestalt des Nachsatzes.
[3]) S. unten.

		Gelesen wird:	Zu lesen ist:
S.	137	presto si puo puol reformar	*più* presto s. p. reformar
„	„	tanto quanto per assai parenti et amici ... ha Hutten	t. q. per *il commune*;[1] a. p. et a. .... h. H.
„	„	nosce	*nuoce*
„	„	recitar (sic)	*ritirato*
„	„	come scrissi	c. scrisse[2]
„	138	convenisse	*convinse*
„	„	preco (?)	*precor* oder *prego*
„	„	retirato	*richiesto*
„	139	Jo è (?) hussita	*quam* Jo. Huss oder *Joanne Husfita*
„	„	scio benchè	scio *ben, chè*
„	140	et ut spero plura faci, et in causa nostra	et u. sp. plura *faciet* in c. n.
„	„	se manda	se man*di* (vgl. jedoch notasi 106)
„	141	si vorebbono	*li* vorebbono
„	„	quello hanno fatto	quello *che* h. f.
„	„	me scriveno	*ne* scriveno[3]
„	142	che simil altro	che *si nè l'altro*[4]
„	„	Ser.ᵐᵒ	*San.*ᵐᵒ
„	143	M. Luther, libri	M. L. *i* libri
„	„	agiurato (?)	adunato oder *aggiunto*
„	144	della bulla Lateranense	*detta* b. L.
„	„	fosse stato udito imo heretico ab impio et principibus	f. st. ud. *uno* h. ab *imperio* et p.
„	„	de far detto decreto al quanto più culto et elegante ma è stato parer di questi del Consilio	de f. d. d. a. q. più c. e. el. *non* è st. p. d. q. d. Cons.
„	„	questi Germani tanto più si degnano	q. G. t. p. si *sdegnano*
„	145	ogni cosa se ben?	o. c. *va* b.
„	146	daro aviso a V. S. R. alla qual baso le mani ... in ruina, come è il dever et di questo non fingo alcuna cosa	d. a. a V. S. R., come è il dever; et di questo non fingo alcuna cosa; alla qual baso le mani .... in ruina.
„	„	bartone (?)	bas*t*one
„	„	mi dubito me sarà besogna	mi dubita *che* s. b.
„	„	et forse sarà naschi	*se forse sara nato* oder *naschi*.

[1] Der vorangehende Gegensatz per el pericolo nostro particolar verlangt il commune; assai parenti ist Object zu ha.

[2] Das folgende a tre Legati plena meditation ist sinnlos; zu vermuthen ist eine Erwähnung der acta Augustana.

[3] Nicht an A., sondern a qualche gran loco qua vicino ist von Rom aus geschrieben.

[4] Wenn das deutsche Mandat nicht abgeschickt wird, werden die Lutheraner mehr Boden gewinnen, als wenn auch das andere nicht abgeschickt wird.

Ausser diesen recht zahlreichen Stellen, deren Berichtigung sich den im Zusammenhang Lesenden meist sofort als evident ergeben wird, bleibt noch eine nicht ganz kleine Zahl solcher übrig, wo entweder ein leichter orthographischer Fehler zu beseitigen ist oder wo theils unverständliche Wortformen theils Auslassungen einzelner Wörter oder Wortreihen das Verständniss unmöglich und eine Herstellung unsicher und misslich machen. Die Zeichensetzung des Abdrucks — ob sie die genau wiedergegebene der Tridentiner Handschrift ist, wird nicht gesagt — ist, wie einzelne Beispiele schon gezeigt haben werden, sehr geeignet, den Gedanken-Zusammenhang zu verdunkeln, nicht, ihn zu erhellen.

In der That ist auch der Sinn -- bei aller Sympathie für einen Altkatholiken und allem Respect vor einem Akademiker kann es nicht unausgesprochen bleiben, — häufig nur ungefähr, zuweilen auch gar nicht verstanden.

Zunächst befremdet es, dass Friedrich Lesarten beanstandet, die weder nach Form noch nach Inhalt dem geringsten Bedenken Raum bieten. S. 97 wird in den Worten: ... libri ... quales statim (sic) judices ex Hutteni officina prodiisse das statim in Frage gestellt. Ich möchte wissen, was in dem deutschen Satze bedenklich wäre: ... Bücher ... denen man es sogleich ansieht, dass sie aus Huttens Werkstatt hervorgegangen sind? S. 98 ist corrette mit einem Fragezeichen versehen. Glapio hat nach Aleanders Aufforderung seine Wünsche an den heiligen Stuhl selbst in die Form zweier Entwürfe von Breven gebracht, die Aleander zu übersenden verspricht; er fügt hinzu: ohne dringende Nothwendigkeit dürfe man an ihrem Inhalt nichts ändern; Glapio scheine „seine Sachen nicht gerne geändert zu sehen". Gleich unbedenklich ist S. 102 fidejussorum; Aleander will ein etwaiges Versehen seinerseits durch das „unverwerfliche Zeugniss bürgschaftsfähiger Männer" nachgewiesen haben. Endlich ist S. 138 Datia für Dania eine keineswegs ungewöhnliche Form.

Sodann zeigt die Uebersetzung Friedrichs, soweit er sie giebt, nicht bloss Ungenauigkeiten oder Härten, sondern gradezu die offenbarsten Missverständnisse.

Die schöne Stelle aus dem Briefe an Hummelberg vom 20. Mai 1511,[1]) deren wir Deutsche uns um so mehr freuen mögen, als wir das Zeugniss eines Italieners in dem eines Franzosen, B. Constant: Il n'y a qu'un pays où la vérité soit un but: l'Allemagne wiederholt finden, und die es daher erlaubt sei, noch einmal verbessert ganz herzusetzen: Bona invenio ingenia in Gallia, bona in Italia, sed utraque haec gens ut plurimum illotis non sine avaritiae nota pedibus sese ad eas artes dat, ex quibus solum praesentaneum lucrum speret. At Germania virtutis unius amore commota semper novi aliquid quaerit; unde sibi potius gloriam comparet quam lucellum; et cum ipsa Lacedaemonia paupertate contenta sit, in communem gentium usum laborat, artes veteres illustrat, novas invenit, quas longum esset in praesentia recensere. Reservo mihi super hac re justi conficiendi libelli materiam, quum dabitur quies — diese Stelle übersetzt Friedrich (59) folgendermaassen: Ich finde treffliche Geister in Frankreich und Italien. Aber beide Völker widmen sich meistens und nicht ohne Geiz, mit ungewaschenen Füssen denjenigen Künsten, von welchen sie momentanen Gewinn erwarten. Deutschland hingegen sucht, nur aus Liebe

---

[1]) Jetzt vollständig mitgetheilt von Horawitz Michael Hummelberger. (IV) (Warum Horawitz Hummelbergius in Hummelberger verdeutscht, weiss ich nicht.)

zur einen Tugend, immer etwas Neues, woraus es sich viel mehr Ruhm als Gewinn erwirbt; es arbeitet zum gemeinsamen Vortheil der andern Völker, illustriert die alten Künste und erfindet neue". Genau und zugleich deutsch wiedergegeben würde sie etwa so lauten: Ich finde gute Köpfe in Frankreich, auch in Italien; indess beide Nationen machen sich meist mit ungewaschenen Füssen,[1]) nicht ohne den Makel der Geldgier, an solche Künste, von denen sie nur sofortigen Gewinn erhoffen. Deutschland dagegen wird einzig durch die Liebe zur Wahrheit allein bewogen, fort und fort neue Forschungen zu unternehmen, um viel mehr Lob als armseligen Gewinn zu erwerben; und während es selbst mit spartanischer Armuth sich begnügt, arbeitet es für den gemeinsamen Nutzen aller Völker, vertieft die überkommenen Wissenschaften und schafft neue...

S. 64 lässt Friedrich den Aleander aus Mainz Dinge schreiben, die in dem ersten Brief enthalten sind, welcher aber im Friedrichschen Text selbst Vormatiae... datiert ist und obendrein auch die Ankunft Aleanders von Mainz in Worms berichtet.

S. 69 werden die Worte des Briefes 1. (92 u.) el Cancelliere disse che se metterà bon ordine übersetzt: der Kanzler entliess ihn mit dem Versprechen, „guten Befehl zu ertheilen" statt: Ordnung schaffen zu wollen.[2]) Ueber die auffällige Erscheinung, dass der deutsche Rath die Befragung des Reichstags für überflüssig, der geheime für nothwendig hält, ist Aleander nicht „bestürzt" (73), sondern betroffen, verblüfft (stupefacto), er versteht es nicht. „Dass man disputiere, erforsche oder frage" (77) wird nur deutlich, wenn es heisst: dass man disputiere, anhöre (auscultasse) und verhöre (interrogasse). Nicht, dass die „Sache nicht vorgeschlagen worden wäre" (78), wünschte Aleander, sondern dass sie (dem Reichstage) nicht vorgelegt wäre (che non si proponesse). Capellati, das freilich in den Lexicis nicht steht, kann doch jedenfalls nicht „andere Dinge" (83) übersetzt werden; cappellati und capelluti geben beide keinen Sinn; wahrscheinlich ist cappelletti zu lesen, ein Füllwort nach Art von Sang und Klang u. ä. „Hüte und Hütchen", welche letzteren übrigens, capitia rubra, von Paul II für den Gottesdienst angeordnet waren.[3])

S. 84 erzählt Friedrich, „Aleander hatte eben einen Bericht versiegelt, als die Nachricht von der Ankunft Luthers zu ihm kam". Aleander selbst aber schreibt (Br. 21): „Schon hatte ich den andern Brief geschlossen", d. h. also den vom vorigen Abend, den er um die vierte Stunde der Nacht unterzeichnet hatte und der demnach vom 15. und nicht vom 13. sein muss. (S. u.)

Schwerer noch wiegen andre Irrthümer.

S. 69 heisst es: „Gerne würde er mit Luther disputieren, bemerkt er (Aleander) noch, wenn er nicht die Commission des Papstes hätte und es nicht zum Schaden seines Namens geschähe, da er die Autorität des Papstes in die Controverse bringen und vor Laien als incompetenten und von der Häresie inficirten Richtern stehen würde". Die betreffende Stelle selbst aber (Br. 1. S. 92), soweit sie in Betracht kommt, lautet: Rmo Patron mio![4]) Se non fosse destinato ad tal impresa da Nro Signore et che non si

---

[1]) Das „und" bei Fr. zerstört den Sinn.
[2]) Ein gleiches Missverständniss S. 82.
[3]) Binterim Denkwürdigkeiten etc. III, 1, 157.
[4]) Ich setze die erforderlichen Zeichen, schliesse mich aber sonst der Friedrichschen Schreibung an.

facesse prejuditio se non al nome mio, perdio! non desiderarei altro, che raccontrarmi con questo Satan ... sed ... non bisogno metter in controversia l'autorita del S.^{mo} et star a judicio di laici, de' quali sono molti infetti; preterea come et coram quibus judicibus se havrebbe a disputar absque autoritate Pontificis? ...

Aleander meint also, von einer Disputation mit Luther, zu der er persönlich die grösste Lust hätte, muss abgesehen werden. Wie und vor welchen Richtern sollte man disputieren, wenn die Autorität des Papstes bei Seite gesetzt werde? Dem Urtheil von Laien, von denen viele angesteckt seien, dürfe man sich nicht unterwerfen, die Autorität des Papstes dürfe gar nicht in Frage gestellt werden. „Ehrwürdigster Herr Patron! Wenn ich nicht zu dieser Aufgabe von unserm Herrn bestimmt wäre und wenn nur mein Name der Schädigung ausgesetzt wäre, bei Gott! ich wünschte nichts anderes, als mich mit diesem Satan zu treffen".

S. 71 lässt Friedrich den Aleander mit dem Erfolg seiner Rede vom Aschermittwoch „ausserordentlich zufrieden" sein. Drei Zeilen weiter führt er selbst Aleanders eigenes Urtheil über dieselbe an: er habe (damals) kaum geglaubt, dass seine Darlegung viel genützt hätte — ganz in Uebereinstimmung mit dem Bericht über diese Rede in Br. 6: mediocriter et non omnino feliciter —, jetzt, d. h. mehr als einen Monat später, sehe er es doch. — Unverständlich bleibt die Auffassung Friedrichs von der Mittheilung Aleanders über des Kaisers unerwartete und unerwünschte Sinnesänderung in Br. 8, ein Bericht, der freilich des Legaten stilistische Kunst und Darstellungsgabe nicht im besten Lichte erscheinen lässt.[1]) Nachdem nämlich (73) berichtet ist, „dass die weitern Versuche der Nuntien" (gegen den Entschluss die Sache vor den Reichstag zu bringen) „vergebens gewesen" seien, dass also die Nuntien die grössere Sicherheit, „wenn der Kaiser kraft eigner Autorität im Reiche die Sentenz des Papstes grade so durchführe, wie in Burgund und Flandern" vergebens geltend gemacht hätten, heisst es im unmittelbaren Anschluss daran zwei Zeilen weiter (74): „Aber Karl entschied sich schliesslich dahin, sein für seine eigenen Länder erlassenes Decret auch über das Reich auszudehnen und schliesslich auch ohne die Zustimmung der Fürsten durchzuführen". Bei alledem wird sofort wieder von den Verhandlungen im Reichstage und demnächst auch von dem Entschluss des Kaisers berichtet, Luther zu hören und kommen zu lassen.[2])

Gleich unverständlich ist die weitere Darlegung S. 74. Friedrich erzählt von den ersten Berathungen der Stände über die dem Kaiser zu gebende Antwort. „Allein den Praktiken des Churfürsten sei es gelungen, die den Nuntien günstige Conclusion zu verwirren, so dass er schliesslich in seinem Widerspruch gegen den Majoritätsbeschluss beharrte." Der entsprechende Text (Br. 8 S. 106 o.) lautet: ... tamen per il grande contrasto primo fatto et per le prattiche, che 'l Duca Saxone haveva havuto (fatte?), tutta la conclusione, che deveva esser per noi, fu intricata, che nè 'l Duca Saxone l'ha (s. o.

---

[1]) Auch Münter (88) ist die Sache nicht klar geworden: „... sie (der geheime Rath) bewogen den Kaiser zu dem Entschluss, seinen Befehl wegen Verbrennung der Schriften Luthers nur mit Genehmigung der Fürsten im Reich ergehen zu lassen, weil dies das beste und sicherste Mittel sei, das Feuer auszulöschen. Indessen hatte Aleander doch so lange beim Kaiser gearbeitet, bis dieser selbst das Mandat über das ganze Reich auszudehnen beschloss." Ein Widerspruch in sich selbst wie mit bekannten Thatsachen.

[2]) Sieh unten.

p. 10) havuta al suo modo neque tamen andò secondo che benissimo havevano incominciato li altri quatro Elettori deliberar per noi. Der Beschluss ist also von der katholischen Mehrheit gut eingeleitet, aber durch die Umtriebe des sächsischen Kurfürsten gestört, so dass weder dieser ihn nach seinem Sinn bekommen, noch für die katholische Seite der Fortgang dem Anfang entsprochen hat. Dass der Kurfürst in seinem Widerstand beharrt hätte, steht so wenig im Text, dass Aleander selbst im grellen Widerspruch mit sich selbst, sprachlich hart aber sachlich ganz richtig, eben vorher übersetzt: „Die beiden Kurfürsten sagten nach einiger Zeit, sich zu beruhigen, weil es einmal nach dem Mehrheitsbeschlusse nothwendig geworden sei".

Auf derselben Seite fährt er fort: „Darauf meinten sie jedoch, dass ein solches Mandat (gegen Luther und seine Bücher) umsonst ausgienge, weil es nur den grössten Skandal unter den Völkern veranlassen würde". Geht ein Mandat, das Skandal verursacht, umsonst aus? Freilich geben die Lexica nur diese Bedeutung für per niente; aber ihre Mangelhaftigkeit ist unsäglich und dass Aleander es ausschliesslich in dem Sinn von „ja nicht" braucht, lehrt sowohl diese Stelle als S. 110 ... el Marchese ... ci consiliava che per niente lassassimo venir Luther; S. 128: questi Cesariani per niente non voleno far mutationi o tumulti in questa Germania; S. 130: non è per niente tempo di publicar questa gia mandata bulla. Ebenso 137, 146 u. a.

S. 78 berichtet Friedrich: „Der Erzbischof von Salzburg brachte Aleander schon beim Morgendämmer des Abends zuvor von ihm reformirte deutsche Decret, welches der Secretär Spiegel ins Lateinische übersetzen musste und er vergisst nicht zu bemerken, dass es noch keiner der Deputirten gesehen hätte". Der italienische Text, den Friedrich selbst giebt (Br. 8 S. 108) heisst in genauer Uebersetzung: ... „u. so" (nämlich „verändert" (riformato) um einerseits Fürsten und Völker zu befriedigen, andrerseits auch dem römischen Interesse zu dienen) „wurde gestern Abend das Edict deutsch fertig gemacht, welches er" (der Salzburger Erzbischof) „mir diesen Morgen in der Dämmerung zeigte und Spiegel den Auftrag gab (s. o. 10), es ins Lateinische zu übersetzen und mir mitzutheilen, bevor es einem der Deputirten zu Gesicht käme. Dies ist aber nicht geschehen."

Der Kaiser „war", lesen wir 79 weiter, „wie Aleander vermuthet, wegen schlechter, eben aus Spanien eingetroffenen (sic) Nachrichten verstimmt". Da an der betreffenden Stelle des Textes (Br. 10 S. 110) von diesen spanischen Nachrichten und ihren Wirkungen keine Silbe zu finden ist, — nur minder kühn (ardito) findet Aleander den Kaiser — muss man auf den Gedanken kommen, dass nicht alles, was Friedrich in seiner Handschrift gehabt hat, in die Druckerei oder zum Satz gelangt ist.

Was endlich die Verwerthung der Aleandrischen Berichte für die Geschichte des Wormser Reichstages anbetrifft, so ist die Darstellung Friedrichs namentlich darauf berechnet, die Wormser Verhandlungen „mit Rücksicht auf die kirchengeschichtliche Entwicklung im 15. Jahrhundert näher ins Auge zu fassen". Er glaubt „manches", besonders „auch die Haltung Luthers in einem neuen Lichte zeigen" zu können. „Den Gang der Verhandlungen", was Münter vernachlässigt habe, will er darlegen. Dabei beginnt er mit der Behauptung, dass „durch Münter Aleander in ein zu ungünstiges Licht gestellt" sei. Den Erweis derselben versucht er zu führen zunächst durch die

Berufung auf seine geistige Bedeutung und den wissenschaftlichen Ruhm, den er namentlich auch in Paris als Lehrer einer nach Tausenden zählenden Zuhörerschaft genossen habe. Es ist aber klar, dass aus dieser Thatsache über Aleanders Character und Verfahren nicht das mindeste zu entnehmen ist. Ebenso wenig lässt sich dafür die weiter ausgeführte Behauptung Friedrichs verwenden, dass Aleander ein Deutscher gewesen, selbst wenn sie begründet wäre, was ich entschieden in Abrede stellen muss.¹)

Was Friedrich für seine Behauptung vorbringt, beschränkt sich wesentlich auf eine nur deutsch und in indirecter Rede, auch nicht ohne Auslassung, wiedergegebene Briefstelle aus dem oben erwähnten Münchener Codex. Bei Horawitz lautet die Stelle so: Ingratissimus enim merito videret, si post disseminatam alienis nationibus segetem ἄσπορον καὶ ἀνήροτον²) Germaniam nostram relinquerem. Friedrich hätte noch 2 ähnliche Stellen für sich anführen können. Aureliae VIII id. Martii (sic) 1511 schreibt derselbe an denselben (Hummelberg): mox etiam in Germania nostra hujusce linguae jecero seminaria. Ohne Datum giebt er ihm ein μνημόσυνον ... ut ... literas Graecas ... in Germania nostra ... disseminet. Die Beweiskraft dieser anscheinend so überzeugenden Stellen wird aber schon durch folgende aus andern seiner Briefe erschüttert: Est enim mihi animus Germaniam petere et illic non solum seminaria jacere literarum Graecarum, verum etiam libros Graecos affatim imprimendos curare (Aureliae VI Kal. Ap. 1511). Rogo te ... ut significes mihi ex Germania locum, ubi possim aptissime profiteri simul et literas Graecas Hebraicasque inprimendas curare (Br. IV bei Horawitz s. o.). Pridie Nonas Aug. 1511 wünscht er zu wissen, quae spes mihi offeratur visendae Germaniae. Lutetiae V Non. Julii 1512 erbittet er sich in Betreff seiner Krankheit das Gutachten eines gewissen berühmten Abtes, ob er auch behext sei, oder das einer Alten oder irgend eines Wahrsagers ... οἷς πλείστοις παρ' ἡμᾶς εἶναι ἀκούω. Aug. 1. 1513 schreibt ihm Hummelberg nach Paris, wo Aleander damals Rector war: Commendo tibi nationem nostram. (Horawitz Analecten zur Geschichte des Humanismus in Schwaben 1512—18). Von Rom aus (21. Juli 1519) schliesst Aleander: Vale et me doctis Germanis commenda. (Horawitz Analecten. Sitzungsberichte der Wiener Akademie der phil. hist. Cl. Januar Heft 1878). Ganz gradezu setzt er aber (Br. 13 bei Friedrich 120) dem deutschen Rath den geheimen entgegen, „wo unsere Italiener und die Burgunder" sind. In einer ganzen Reihe von Stellen seiner Briefe von Worms braucht er von Deutschland und den Deutschen mit halb wegwerfendem halb verweisendem Anklang questa Germania, questi Germani. Sein Freund Aldus Manutius zählt ihn in seiner Widmung der von ihm gedruckten Iliade zu den „hominibus nostris". (Mazzuchelli I, 412.)

Dass ferner die deutsche Sprache nicht seine Muttersprache noch ihm überhaupt bekannt gewesen ist, geht aufs unzweideutigste aus zwei Stellen seiner Wormser Briefe hervor, die von Friedrich übersehen sein müssen, da er sonst nicht umhin gekonnt hätte, sich mit ihnen abzufinden. S. 108 u. erzählt Aleander, das deutsche Decret sei ihm

---

¹) Da Aleander in der That Aufnahme in die allgemeine deutsche Biographie gefunden hat, so ist es wohl angebracht, die Frage über seine Nationalität zur Erörterung und, hoffe ich, Erledigung zu bringen. Uebrigens ist Gass durchaus von Friedrich abhängig und scheint weder Bayle noch Mazzuchelli gekannt oder benutzt zu haben.

²) Ohne diese beiden Prädicate, die Friedrich weglässt, hat relinquam keinen vollständigen Sinn.

„gezeigt", es solle aber erst ins Lateinische übersetzt werden, bevor es ihm „mitgetheilt" werde. Noch entschiedener lautet der Schluss des dritten Briefes (S. 99): „In dieser Stunde, als ich dies schrieb, hat mir der Secretär Maximilian durch einen der Meinen Abschrift eines Briefes geschickt, der an den Herzog (Kurfürsten) von Sachsen gehen soll ... Ich werde mir ihn übersetzen lassen, da er deutsch ist und wenn er nach meinem Sinne sein sollte, werde ich ansuchen, dass er sofort nach Sachsen geschickt werde".

Endlich ist er weder in Deutschland geboren noch je dauernd ansässig gewesen. Nach seinem eignen Zeugniss[1]) stammt er von unbemittelten Eltern, aber aus dem Geschlecht der Markgrafen von Ysterstein in Istrien, „illustri vel spectabili prosapia". Sein Geburtsort, den Münter nach Krain, Gass in die Tarviser (?) Mark (nach Kärnthen?) verlegt, ist Motta di Livenza, gelegen an der mittleren Livenza im Gebiet der ehemaligen terra ferma Venedigs, nahe der östlichen Grenze der marca Trivigiana, d. h. der Mark von Treviso, sodass selbst Pallavicini ihn nicht ganz richtig in Friaul geboren werden lässt. Einzig Mazzuchelli ist genau unterrichtet (... sui confini della Marca Trivigiana, verso il Friuli). Auch sein Geburtsjahr 1480 stellt er richtig gegen unbegründete Zweifel fest. Dass sich Aleander eines vornehmen Geschlechts mit Recht gerühmt habe, geht aus der Thatsache hervor, dass ein Carolus Aleander — der übrigens in Mazzuchellis Stammbaum nicht erscheint — Mitglied des Mottenser Stadtrathes, ex majoribus perliliberis[2]) genannt, dass Aleander selbst und seine Brüder amtlich theils mit de Aleandris, theils, auf ihren Grabsteinen, als equites bezeichnet werden. In Ausführung eines Beschlusses vom 24sten Jan. 1503 wurde aus den „originariis hujus terrae" auch Hieronymus de Aleandris zugleich mit 2 andern Adlichen und 7 Bürgerlichen in den Stadtrath cooptiert. Dass es unser Hieronymus Aleander war, geht aus einem handschriftlich vorhandenen Estratto delle Parti della Magnifica Communità di Motta hervor, wo er ausdrücklich als der spätere Cardinal und weil 1480 geboren, als unter dem erforderlichen Alter von 25 Jahren bezeichnet wird. 1524 am 25st. Nov. beschloss der Rath von Motta einen Glückwunsch „al concittadino Girolamo Aleandro" zu seiner Ernennung zum Erzbischof von Brindisi und eine Ersatzwahl für ihn als Consigliere, die auf seinen Bruder Vincenzo fiel. Am 26st. März 1533 ward vollends eine Gesandtschaft von 8 Mitgliedern beschlossen, um dem berühmten Landsmann in Venedig als neu ernanntem päpstlichen Nuntius bei der Republik ihre Mitfreude auszudrücken. Bis 1662 erscheinen Aleandri unter den Stadträthen als Sindaci Provveditori Nuncii etc., als letzter Altobello, der auch bei Mazzuchelli in der letzten Geschlechtsfolge des einen Hauptzweiges der Familie aufgeführt ist. Zwei Aleandri, Vincentius der Bruder von Hieronymus († 1543) und Dionysius der Neffe († 1602) haben Grabmäler im Dom von Motta. Den Cardinal selbst feiert ein „insigne Monumento" mit folgender Inschrift: Hieronymo Aleandro Mottensi | S. R. E. Cardinali Praestantissimo | Pontifici Brondusino | Vaticanae Bibliothecae Praefecto | Leoni X Clementi VII Paulo III | ad Germanos, Gallos et Venetos legato | Viro mentis magni-

---

[1]) Bericht des Kanzlers Brück über die Rede vom 13ten Fbr. bei Förstemann N. U. S. 30. Als Stammvater führt Mazzuchelli den Giovanni auf, Marchese di Pietra Pilosa nell Istria, e conte di Laudro in Friuli.

[2]) Die hier folgenden Mittheilungen verdanke ich der grossen Freundlichkeit des Stadtraths von Motta und den durch ihn veranlassten eingehenden Nachforschungen des Avvocato Conte Dr. Frattina im dortigen Stadtarchiv.

tudine et scientiis eximio | Monumentum | quod moriens Romae anno MDXLII | sibi testamento mandaverat | Municipes sui tandem E. C. | anno a v.(irginis) p.(artu) MDCCLV. Wenn demnach Aleander von einer alten italienischen Familie abstammt, in Italien geboren und erzogen ist, in Italien gewohnt und gewirkt hat, Zeit Lebens von Italienern als Landsmann anerkannt ist, so kann wohl an seiner nicht deutschen Nationalität nicht der geringste Zweifel mehr aufkommen. Aber immer wird man fragen, wie erklärt sich doch nostra Germania? Ich denke, aus einem der folgenden Gründe oder aus beiden zugleich. Aleander schreibt an seinen Freund und Studiengenossen Hummelberg, er stellt sich nach altrömischer Weise als höflicher Briefschreiber in einer Sache, an der beide gleichen Antheil nehmen, auf den Standpunkt des Empfängers, seines Freundes — κοινὰ τὰ τῶν φίλων — „unser liebes Deutschland".[1]) Sodann ist Aleander als gelehrter Italiener, später auch Mitglied der römischen Hierarchie sich des alten Verhältnisses Italiens zum heiligen römischen Reich wohl bewusst: Deutschland ist ihm nicht so „alienum" wie andere Länder.

Jedoch selbst die erweisliche deutsche Nationalität Aleanders würde ja seinen Character nicht in ein besseres Licht stellen können, als Münter es gethan hat. Die Reinigung des Mannes von dem ihm — übrigens mit bemerkenswerther Schärfe von Ranke — gemachten Vorwürfen, niedrige Mittel verwandt zu haben, macht Friedrich sich etwas zu leicht. Er begnügt sich zu behaupten: „Auf Aleanders Character wirft übrigens die Anwendung dieses Mittels" (der Bestechung) „gewiss kein nachtheiligeres Licht, als auf den andrer Legaten und Personen. Es scheint mir das damals überhaupt im Schwunge gewesen zu sein, ohne dass darin etwas Gravierendes gesucht worden wäre. Man braucht doch nur an das Pensionenwesen an den römischen wie andern z. B. deutschen Höfen zu denken". Friedrich scheint also den, der an einem Unwesen Theil nimmt, das im Schwange geht, für entschuldigt oder gerechtfertigt zu halten. In der That wird das oben ausgehobene Urtheil durch das bedenkliche Geständniss eingeleitet: „ich zweifle nicht, dass er hiedurch (durch Bestechung mit Geld) schneller zum Ziele gekommen wäre, hätte Rom die Luthersche Sache überhaupt nur für so wichtig gehalten, dafür besondere grosse Auslagen zu machen." Wer zu einer solchen Gewissheit gelangen kann, hat, fürchte ich, doch von der Gewalt und Natur einer geschichtlichen Nothwendigkeit keine entsprechende Vorstellung.

Aber wie hat nun Friedrich seine eigentliche Hauptaufgabe, „den Gang der Verhandlungen" aufzuzeigen und über Luthers Haltung neues Licht zu verbreiten gelöst? Wie über Aleanders vermeinte Rechtfertigung, so wird auch hierüber das erschöpfende Urtheil in der ganzen folgenden Ausführung gesucht werden müssen. Hier zunächst nur einige Andeutungen.

In Betreff Luthers wird nur bemerkt, derselbe habe Anfangs, was wohl bekannt ist, die Meinung seiner Nation getheilt, dass ein im heiligen Geist versammeltes Concil als Darstellung der Gesammtkirche in Glaubenssachen über dem Papste stehe und höchster Gerichtshof sei. Es wird aber verschwiegen, dass Luther seit der Leipziger

---

[1]) Cicero (ad fam. I, 7, 10) nennt genau ebenso den Sohn des Empfängers, Lentulus, den er mit Freundes Theilnahme begleitet: Lentulum nostrum, eximia spe, summa virtute adolescentem ...

Disputation sich auf die Schrift als einzige und höchste Glaubensnorm zurückgezogen hatte und zum Wormser Reichtag vollends eine so „scharf durchgebildete, persönliche Ansicht" in dieser Beziehung mitbrachte, dass bekanntermassen die letzten Verhandlungen mit ihm an seiner Verwerfung des Concils als höchster Berufungs-Instanz gescheitert sind.

Was den „Gang der Verhandlungen" anbetrifft, so beruht er natürlich vor allem auf der zeitlichen Reihenfolge der Thatsachen. Nun hat Friedrich von den nach seiner Zählung 27 Briefen — in Wahrheit sind es nur 25 — 15 undatiert gefunden, wenn anders der Zusatz „(März)" bei Nr. 15 und „(Mai)" bei No. 24, wie man annehmen darf, von seiner Hand herrührt. Ein Versuch zur näheren Zeitbestimmung der undatierten wird nicht gemacht. Von den gegebenen Daten ist das des 20sten Briefes erweislich, das des 16ten wahrscheinlich falsch. Das Rundschreiben an die Bischöfe No. 14 kann gleichfalls nicht vom 13ten März sein. Indess auch die vorhandenen Zeitangaben werden so wenig verwandt oder verwerthet, dass die ganze Darlegung „des Ganges der Verhandlungen" jeder chronologischen Ordnung, d. h. also jeder gesunden Grundlage entbehrt. Sie beginnt etwa mit S. 66 und verwendet von da an die Briefe in dieser Reihenfolge: No. 13, 17, 18, 3, 1, 6, 15, 10, 11, 13, 8, 9, 10, 15, 16, 20, 19, 22. Die vorkommenden Zeitangaben lauten: „einmal" (67) — es muss in den ersten April-Tagen 1521 gewesen sein —; „am Morgen des andern Tages (leider fehlt das Datum)" (68) — es muss gleich nach Aleanders Ankunft in Worms etwa gegen den 20sten Dec. gewesen sein —; „damals" (72) — etwa Ende Februar. S. 73 heisst es: „Auch die weiteren Versuche der Nuntien waren vergebens". Damit sind, wie der Verfolg zeigt, die Gegenvorstellungen gemeint, welche Aleander gleich nach der Entschliessung des Kaisers, die Sache vor den Reichstag zu bringen, erhob, die also dem von Friedrich auf denselben Seiten eben vorher aus Brief 13, Mitte März, Berichteten lange vorausgiengen. „Endlich kam ein Beschluss zu Stande" (74) — der betreffende Brief, No. 8 und 9, ist vom 27sten Febr. „Endlich suchte Aleander den Bischof von Sitten auf" (79) — es war am 28sten Febr., Datum des Briefes Nr. 10. „Auch ein anderes Argument machte Aleander um diese Zeit geltend" (83) — im Br. 19 vom 5ten Ap. Eine innerlich und ursächlich zusammenhängende Darstellung des Ganges der Verhandlungen kann bei solchem Verfahren nicht gelingen.

II. Aleanders Auffassung und Verfahren.

Worin der Vertreter der päpstlichen Politik das zu bekämpfende Uebel gesehen, aus welchen Ursachen er es hergeleitet und mit welchen Mitteln er es bekämpft habe, darüber hat er sich in seinen Briefen mit solcher Deutlichkeit und Ausführlichkeit ausgelassen, dass es weder zur Erkenntniss seines Sinnes und Geistes noch zur Würdigung des von ihm vertretenen Systems irgend welcher ausser ihm liegender Zeugnisse bedarf.

Die Reformation ist — und bleibt! — ein Abfall Deutschlands von der „Obedienz" gegen Rom, eine „Empörung" gegen die bestbegründete Herrschaft, und da die römische Hierarchie die Weltordnung selbst trägt oder ist, ein „ruchloser Frevel" gegen Gottes ewige Satzungen selbst.

Denn das Reich Gottes und die Herrschaft des Papstes, die „Kirche Gottes" und „der römische Stuhl", das „christliche Gemeinwesen" und der Katholicismus sind gleichbedeutende Dinge. Wer aus der Kirche tritt, tritt aus der Christenheit, d. h. aus der Menschheit.[1]) Das „Wohl der Kirche aber ruht in der Würde des obersten Priesters" (Friedrich 91 unt.), dem eine ganz besondere, über alle erhabene Gewalt zustehen muss, wenn nicht soviele Spaltungen in der Kirche entstehen sollen, wie es Priester giebt (92 o.) Zu meinen „ohne Uebereinstimmung mit dem Papste könne man ein guter Christ sein und der katholische Glaube bestehen, wäre der grösste Irrthum" (121 unt.), der „römische Stuhl" ist „das Fundament unseres heiligen Glaubens". (118 unt.) Das Verbrechen liegt also darin, schlecht zu schreiben über „unsern Herrn oder den heiligen apostolischen Stuhl" (91), die Autorität des Papstes in Zweifel zu ziehen, den Glauben der Kirche zu bestreiten (95), die Kirche Gottes zerstören zu wollen (98. 131) ihr Eigenthum und Vermögen anzutasten (141) um Segen oder Fluch derselben sich nicht mehr zu kümmern (134). Eine schlimme Zeit ist es, wo „keine Achtung mehr herrscht vor Gott und seinem wahren Stellvertreter, wo jeder sich das Gewissen nach eigenem Ermessen zurecht legt" (ognuno si fà la conscientia come vuole 121). Denn es ist zu befürchten, dass dieser ruchlose Mensch (ribaldo, Luther) die Beichte ganz aufheben und nach Art der Juden nur Gott zu beichten lehren werde (138).

So beginnt denn auch Aleander seine grosse Rede vor Kaiser und Reich am 13. Februar[2]) mit dem Hinweis auf die Uebel und Schäden, welche Luthers „Aufruhr und Empörung" dem christlichen Volke bisher gebracht, täglich bringe und bringen werde"; auch die Böhmen hätten unter dem Namen und Gestalt des Evangeliums hiervor „allen Gehorsam und Ordnung" unterdrückt und opprimieret; also unterstehe sich auch M. Luther mit seinen Helfern und Anhängern „alle Macht der Rechte und kaiserlichen Gesetze, auch aller Obrigkeit umzustossen und umzukehren. Brauche man nicht fördersamst die nöthigen Gegenmittel, so werde die ganze christliche Ordnung eine Missgestalt und Makel davon empfahen". Das einst so katholische Deutschland, — zu dem übrigens die Niederlande ohne jegliche Unterscheidung gerechnet werden, — ja der ganze Norden,[3]) z. B. auch England steht im Aufruhr: (97. 99. 117). In Gent predigt man öffentlich Luthers Lehre, in Antwerpen druckt man seine Werke spanisch und sendet sie nach Spanien (111), durch Erasmus ist ganz Holland und Rheinland angesteckt (102, 112, 145, 146 u. a.) Neun Zehntheile Deutschlands glauben an Luther und das letzte Zehntheil,

---

[1]) Zur Erläuterung verweise ich auf die Thatsache, dass cristiano im Italienischen gleich „Mensch, vernünftiges Wesen" ist und auf das unübersetzbare civiltà. Wenn es demnach im Wormser Edict (Walch XV, 2269) mit anscheinend so unglaublicher Verkennung von Luthers Wesen und Lehre heisst: „Denn wie er lehret ein frei, eigenwillig Leben, das von allem Gesetze ausgeschlossen ist und ganz viehisch, also ist er ein frei eigenwillig Mensch, der alle Gesetze verdammt und verdrückt", so ist es doch vom hierarchischen Standpunkt aus vollkommen folgerichtig, den Abtrünnigen den 'αγρήτορες 'αθρίστιοι, den Wilden gleichzusetzen.

[2]) Förstemann N. U. 30. Wie Friedrich behaupten konnte: „Wir haben davon keinen authentischen Bericht", wenn er anders Brück's Bericht bei Förstemann kannte, ist schwer begreiflich. Dass die sächsischen Secretäre „vieles aufängen", kann ihm ja nicht entgangen sein.

[3]) „Tutto questo settentrione" (tumultua) (97). Münter übersetzt falsch: die ganze Nation; von ihm entlehnt Waltz.

wenn es sich auch um Luthers Edicte nicht kümmert, schreit doch Tod dem römischen Hofe und alle Welt ruft „Concil, Concil" und zwar in Deutschland (113). [1]) Die Massen stürzen sich blind in die Bewegung und die Fürsten vermengen ihre eigenen Interessen mit dem Glauben. (96). Selbst der Clerus ist durchweg angesteckt, ausgenommen die Pfarrherrn (96). Ein grosses und unglaubliches Wunder ist es, dass sich Mönche auch von andern Orden als dem Luthers finden die ihn verehren. (96). Fürwahr grosse und gefährliche Feinde erheben sich „gegen unsre Herren, gegen die Ehre des Vaterlandes und des heiligen Stuhls. (118 u.) Alles geht drunter und drüber (. . . tanta rerum omnium perturbatione 118 u.), das allgemeine Geschrei auch am Reichstage geht auf ein Concil, auf Abfall von Rom, auf Empörung gegen den Clerus (116 unt.), der Hass gegen Rom macht die Völker blind, dass sie Augen haben und sehen die Wahrheit nicht. (122). Es giebt keinen Prälaten und keinen Fürsten mehr, der nicht gegen Rom wäre oder wagte sich für Rom zu bekennen. Angesichts der Umwandlung dieses ganzen Deutschlands ist zu befürchten, dass die Welt dem Chaos verfalle (133 u.). Schon hat Hutten den Plan einer Umwälzung ganz Deutschlands, der Herrschaft über den Clerus, eines besonderen eitlen Heldenruhms gefasst, gefürchtet wegen seiner Feder wie seines Schwertes von den Prälaten, die zittern und sich verschlingen lassen wie die Hasen (come canigli (132), angebetet von den Edelleuten und benutzt zu andern eigenen Zwecken von Sickingen, dem Schrecken Deutschlands (128), dem einzigen König und Herrn thatsächlich des Reiches (revera Sickingen solus nunc in Germania regnat 132). So weit ist es gekommen mit der Welt, dass ein solcher erbärmlicher, nackter und blosser Lump wie Hutten, der eine Bestie und für sich von wenig Einfluss ist (137 u.), sich beigehen lässt, die Welt zu reformieren und dem Kaiser ins Gesicht solche Dinge (wie in dem erwähnten Briefe) zu sagen und zu thun sich erfrecht (132).

In Luthers Sache handelt es sich mithin um „die Sache der ganzen Christenheit, um das gemeine Wohl, um das Heil des Christenthums" (133 u.), um das Sein und Nichtsein des Christenthums und des apostolischen Stuhls (113 o.) Zur Ehre Gottes und zum Nutzen der heiligen Kirche bekennt sich Aleander als den guten und treuesten Knecht seines Herrn, des Papstes und des Staatssecretärs, (101). Gott sucht er zu dienen und seinen Herrn zu befriedigen, zur Ehre seines hochwürdigen Patrons und zum Nutzen des christlichen Gemeinwesens (115 ob.) Für den Glauben und für seine Herren (patroni) zu sterben ist ihm gar nichts (104 o. non stimo un pelo) viertheilen lässt er sich für die Sache (115 o.). Zur Ehre Gottes und des allerheiligsten Herrn und Sr. Hochwürden des Staatssecretärs sowie auch zum Besten und zum Schutze der Kirche harrt er auf seinem schweren Posten aus (104). Die Autorität des Papstes unverletzt zu erhalten, bleibt der leitende Gesichtspunkt seines Handelns. (132 u.), Gott und sein Statthalter müssen behalten, was ihnen gebührt (136 ob.). Gott, dessen Wille in allen Dingen

---

[1]) . . . delle dieci parti di essa le nove crede a Luther et la decima, se non se cura l'editti di Luther, saltem crida la morte della corte di Roma et ognuno demanda et strida concilio concilio et lo voleno in Germania. Unbegreiflich ist Münters Irrthum: „. . . da von seinen 10 Kreisen die 9 Luthers Namen und die Zehnten immer im Munde führen . . ."

geschehe, wird seine Sache stützen und seinen wahren Statthalter, unsern allerheiligsten Herrn unverletzt erhalten (109).[1]

Man sieht, es ist immer noch der uralte Herrschaftsgedanke Roms über die Welt, die ureigne und unverlierbare Erbschaft der ewigen Stadt:

   Tu regere imperio populos, Romane, memento!
   Ordnung und Zucht, weltherrschende Stadt, du schaff sie den Völkern![2]

Wenn es sich aber in der reformatorischen Bewegung nicht etwa um ein tiefes religiöses Bedürfniss, um die Befriedigung der innersten Sehnsucht des suchenden Menschenherzens handelt, sondern nur um eine Auflehnung gegen die berechtigtste aller Regierungen, so ist zugleich klar, dass die Ursachen des Uebels entweder in den Fehlern der Regierenden oder in den Leidenschaften der Regierten oder in beiden zugleich gesucht werden müssen. Und darin findet sie Aleander allein.

Schon vor „5" Jahren, (1517) als er von dem Lütticher Bischof, seinem damaligen Herrn, nach Rom gesandt war[3], um gewisse Schädigungen der bischöflichen Interessen abzuwenden, hat er es warnend dort ausgesprochen, er fürchte einen Aufruhr Deutschlands gegen den apostolischen Stuhl. Denn er hatte gemerkt, dass schon damals viele nur auf irgend einen Narren warteten, der den Mund aufthäte gegen Rom, um loszubrechen (107). Aber damals fand er keinen Glauben. Rom hat sich in seinem System nicht stören lassen. Der Fehler aber liegt nur in gewissen Missgriffen, die es sich in zu grossem Umfange erlaubt hat. Rom hat nämlich mit Reserven, Dispensationen und Derogationen zu willkührlich in die Concordate der deutschen Nation eingegriffen (96) und diejenigen gewähren lassen, welche mit ihren unermesslichen Pfründen nicht zufrieden auch noch alle Pfründen Deutschlands an sich zu ziehen suchen. Auf diese Weise hat Rom sich eine grosse Zahl von Feinden gemacht. So haben Friedrich den „sächsischen Herzog", seine Räthe, lauter Schüler von Luther, nur dadurch zu einem Gegner Roms machen können, dass er sich verletzt fühlte in der Person eines Schützlings von ihm, „der sein natürlicher Sohn sein soll" und dem irgend ein Cardinal eine schon erworbene Comthurei ungebührlich vertheuert hat. Ein andrer Grund seines Unwillens gegen den Clerus ist sein Streit mit dem Mainzer Erzbischof über die Stadt[4]

---

[1] Genau die römisch-heidnische Auffassung, die Horaz ausspricht:
   Coelo tonantem credidimus Jovem
   Regnare: praesens divus habebitur
   Augustus ...
Im Donner hat sich uns Jupiter als Herrn des Himmels bezeugt; als Gott auf Erden wird Augustus gelten ... Und noch entschiedener:
   Tibi cura magni
   Caesaris fatis data, tu secundo
   Caesare regnes.
Dir (höchster Gott im Himmel) ist die Aufgabe zugefallen, den mächtigen Kaiser zu erhalten, Du herrsche dort oben, aber der Kaiser sei Dein Statthalter auf Erden.

[2] Stellen, wo die Sache Gottes ohne den Zusatz „und seines Stellvertreters" oder ähnliche als der Gegenstand, um den es sich handelt genannt wird, habe ich zwei gefunden: pregando Dio me tenghi forte in la causa sua (102 o.) und: magis (sc. quam Erasmum) amo veritatem, fidem et Deum (112).

[3] Nach Pallavicini (I, 23, 2) sollte Aleander seinem Patron auch den Cardinals-Hut auswirken und den feindlichen Bemühungen des französischen Königs Franz entgegen arbeiten.

[4] terra heisst, nicht bloss bei Aleander, schlechtweg Stadt; s. besonders Br. 21 i. A. ... alla porta della terra.

Erfurt (94). Der Pfalzgraf ist verletzt durch die Begünstigungen und Exemptionen, welche den Regensburgern gegen ihren Bischof, seinen Bruder eingeräumt sind (107 ob.). Auch die den Brandenburger Markgrafen zugestandenen Reserven nützen ihnen nicht, erregen dagegen Geschrei am Reichstage und ihr „Bruder"[1]) Casimir (von Kulmbach) sagt, seine Brüder hätten ihre Zeit in Rom verloren und tausend der nichtswürdigsten Personen hätten Legionen von Probsteien und Pfründen (107 u.); er ist ganz unzufrieden mit Rom und macht hier so grossen Lärm, dass er viel geschadet hat.

Einzig von äussern Beweggründen geleitet hält Aleander auch die grosse Zahl der mächtigen ritterlichen und fürstlichen Gönner Luthers. Selbst in der Umgebung des Kaisers fehlt es nicht an solchen, die mehr Rücksicht nehmen auf die Menschen, als auf Gott und seinen Statthalter (133), und sich von eigenen und weltlichen Interessen leiten lassen (93 ob.) Alle deutschen Fürsten schreien wüthend gegen uns beim Kaiser (114); der sächsische, pfälzische, bairische sind Rom feindlich, der Brandenburger ist muthig für uns, aber allein, und alle Welt schreit Tod den Priestern und redet davon die Annaten umzuwandeln zur Besoldung der deutschen Räthe (des Kammergerichts und des Reichsregiments?) gegen Gott und Vernunft (132). Die Begierde nach den Kirchengütern ist es, welche die „grossen Gönner Luthers" unter dem Schilde von Luthers Sache verstecken (126 unt.). Eine Legion armer Edelleute ist gegen Rom und dürstet nach dem Blute der Geistlichkeit (95). Die Legisten und Canonisten, Verheirathete wie Priester, sind alle gegen uns, nur, weil sie ihr eigenes Geschäft nicht verstehen. Noch ärger macht es das nergelnde (morosum) Volk der Philologen und Dichter, die es massenhaft in Deutschland giebt, die nur dann für gelehrt zu gelten glauben, wenn sie von der Kirche abweichen (95). Die Laienwelt ist ja immer dem Clerus abgeneigt; die Wormser sind schlecht gesinnt, die Mainzer sind immer nichtswürdig gewesen (96[2]). Endlich kommt hinzu, dass wie Reisende von dorther erzählen, und wie auch Aleander selbst an der Nichtbefolgung seiner Rathschläge übel genug zu vermerken hat (101 112f.) man in Rom die Sache auf die leichte Achsel nimmt (114). Thue man nicht, was nöthig sei, so könne es keinen guten Ausgang nehmen.

In Luther selbst sieht er nur Stolz und Ehrgeiz wirksam (92); wenn er wirklich, wie man sage, ein guter Mensch und Christ wäre, so würde er nicht klüger sein wollen als die Kirche.[3]) Er begrüsst ihn unter anderen Ehrennamen als einen ribaldo (91 u. a.), einen basilisco, einen cane, einen Mahomet, einen Satan (diese vier auf einer Seite 92), als ein Ungeheuer (135) oder einen Arius, schlimmer als Huss. Und wollte man „Satan" als Stimmungs-Aeusserung betrachten, so lehrt die ausführlichere Stelle im Wormser Edict, die ihn „den bösen Feind in Gestalt eines Menschen mit angenommener Mönchskutte" nennt, dass eine recht wohl überlegte Würdigung des Lügners von Anfang und

---

[1]) Es müssten also oben Georg und Albrecht von der fränkischen Linie gemeint sein.
[2]) ab antiquo nequam, ut in vetusto marmore sculptum esse mihi retulit Cardinalis Maguntinus.
[3]) . . . sso sich L. halten wolt, wie einem frommen Mann und cristen simpt, so solt er nicht meher wissen wollen, den die heiligen vater und die mutter der cristenheyt bis doher gewust und gehalten hadt." (Aleanders Rede nach Brücks Aufzeichnung. Förstemann 34.)

des Erzrebellen vorliegt. Luthers Schrift von der babylonischen Gefangenschaft der Kirche ist wegen ihrer Grausigkeit und maasslosen Ruchlosigkeit (tristezza et enormissima impietà) sehr heilsam für das katholische Interesse gewesen (97) und die Aufdeckung seiner entsetzlichen Ungeheuerlichkeiten (crudeli enormità) am 13. Feb. hat schliesslich doch viel gefruchtet (103). Mit der Berufung des verurtheilten Ketzers nach Worms söhnt er sich besonders dadurch aus, dass alle Welt ihn nun kennen gelernt hat als einen dummen, sittenlosen, vom Teufel besessenen Menschen (pazzo dissoluto demoniaco); gar nicht zu reden von seiner Trunksucht, der er ganz hingegeben sei und von vielen andern Rohheiten in Erscheinung, Sprache, Geberde, Gang und Manier, welche ihm die bisherige Meinung der Menschen entzogen hätten (138). Auch Aleander, wie der Kaiser, traut ihm die Autorschaft seiner Bücher nicht zu. Melanchthon, ein ausgezeichnetes Talent aber von grösster Bosheit (el qual ha un belissimo ma malignissimo ingenio), hat wohl einen guten Theil der lutherischen Bücher gemacht oder wenigstens stark dabei geholfen. (139 o.) Bei alledem verschweigt er nicht, dass das Volk Luther wie einen Heiligen verehre, für sündlos und unfehlbar ansehe (98. 99). Sie haben eine so wüthende Neigung für ihn (incagnata affetione), dass sie selbst dem Teufel glauben würden, wenn er nur gutes von diesem unwürdigen Menschen spräche. (135). Sie stellen ihn dar mit der Taube über dem Haupte, dem Kreuze „unseres Herrn" und mit dem Strahlen-Diadem (99); um seine Bilder reissen sie sich, dass sie eher verkauft sind, als Aleander eins bekommen kann. Einmal bricht sogar wider Willen die allgemeine Huldigung der Geister selbst aus Aleanders Worten hervor: am 16. April, unter dem frischen Eindruck der Volksbewegung bei Luthers Ankunft, die er nur aus dem Bericht eines dazu abgeordneten „Seinen" kennt, schreibt er, so eben in dieser Stunde habe der grosse Ketzerkönig (il grande heresiarcha) seinen Einzug gehalten; ein Priester habe ihn vom Wagen gehoben (li pigliò in ulnis) und dreimal sein Gewand berührt, um sich dann dessen zu rühmen, als habe er eine Reliquie des grössten Heiligen der Welt berührt. „Luther aber selbst blickte beim Herabsteigen vom Wagen mit seinen dämonischen Augen hierhin und dorthin und sagte: Gott wird für mich sein (136, 137)."

Wenn also das Uebel in dem Abfall von der päpstlichen Herrschaft besteht, die Ursachen in gewissen Missgriffen und Unbesonnenheiten der päpstlichen Regierung oder in den eigennützigen Absichten der Regierten liegen, so ist es nur folgerichtig, wenn die Mittel der Abhülfe, auf die Aleander als Vertreter des römischen Stuhls vertraut, keine andern als die der Staatsklugheit sind.

Was versehen, muss also gebessert und ähnliches für die Zukunft vermieden werden. Jede Reserve, zumal wenn sie gegen die Concordate gemacht ist, muss vor allem im Allgemeinen widerrufen werden (99 u.) selbst gegen des Kaisers etwaige Wünsche. Um Gottes Willen (per l'amor di Dio) bittet er, den vielen Reserven, Dispensen und Verletzungen der Concordate ein Ende zu machen und den unersättlichen (fremden) Pfründenjägern in Deutschland Zügel anzulegen; denn dieses Volk (questi popoli) verbinde die Sache Luthers mit diesen andern Dingen und falle ihretwegen vom katholischen Glauben und von Gott selbst ab, um sich für die erwähnten Uebergriffe (enormitadi) zu rächen (96).

Im Uebrigen aber setzt Aleander seine Rechnung und Hoffnung vor allem auf den ausführenden Arm der weltlichen Macht,[1]) denn nach seiner Auffassung hat der Papst allein die Entscheidung in Glaubenssachen, die Fürsten aber, wenn er sie darum angeht, die Ausführung des Urteils (91 u.). Es steht ihm ausser Zweifel, dass Karl der Grosse und die Ottonen sich das Kaiserthum von Deutschland durch Gefälligkeiten gegen den heiligen Stuhl erworben haben, dass auch das Kur-Recht ein Geschenk des römischen Papstes ist (103). Er rühmt sich, daran in seiner Rede vom 13ten Febr. erinnert zu haben, dass eine Herrschaft durch dieselben Mittel erhalten werde, durch welche sie gewonnen sei.[2]) So ist denn nach Aleanders Meinung das Verbrennen der ketzerischen Schriften ein treffliches Mittel (90). Mit einem Mandat des Kaisers für seine Erblande (tutti suoi dominij terre et regni), das er in Löwen gegen Luther und alle, die schlecht vom römischen Stuhl und seinem Herrn geschrieben haben, ausgewirkt hatte, ist er immer bewaffnet (91). Für das Reich sucht er dringend ein gleiches zu erreichen. Wo von den alten Concilien und dem derzeitigen Papste der Spruch gefällt ist, will er von Disputation, Anhören und Befragen nichts mehr wissen; so wie er Luthers Bücher vom Papst verdammt sähe, habe der Kaiser die Pflicht, sie zu verbieten und zu vertilgen: wenn er das Volk fürchte, müsse er thun, was ihm scheine, nur alles unbeschadet der Autorität des Allerheiligsten (108 o.). Es „regnet" aber Bücher von lutherischer Seite, deutsche und lateinische; in Worms ist seit kurzem eine Druckerei und nur lutherische Bücher kommen zum Verkauf, selbst am kaiserlichen Hofe; ohne ein Edict des Reichs, spricht Aleander gradezu aus, lässt sich dagegen nichts machen (113). Wollte der Kaiser sich feindlich stellen oder auch nur im Geringsten das Auge zudrücken, so wäre es um den Gehorsam des ganzen Deutschlands gegen den apostolischen Stuhl geschehen (117 u.). Denn über den Bann lachen die Deutschen. Mit dem zunächst erreichten Gebot der Ablieferung, noch nicht der Verbrennung von Luthers Schriften, ist er darum doch einigermaassen zufrieden (122 u.); denn man sähe nunmehr doch, dass der Kaiser der „gehorsame Vollstrecker des Papstes" (obediente exequutor del Pontefice) sei und dass die beiden Lichter der Welt gegen „diese ruchlosen Hunde" einmüthig vorgiengen. Der Greuel sei grösstentheils unterdrückt und werde es täglich mehr. Umsicht und gute Regierung des heiligen Stuhls werde das übrige thun[3]) (144). Luthers Ent-

---

[1]) Es kommen Stellen vor, wo Aleander auch sein Bedürfniss und sein Vertrauen auf göttliche Hülfe ausspricht; indess ist es doch bezeichnend für seine Auffassung, dass er im Fall ihm „etwas zustossen" sollte, sich zwar Gott befiehlt mit der Bitte, sich seiner Seele zu erbarmen, zugleich aber „unserem Herrn", der „geruhen möge, ihm vollen Ablass zu gewähren" (Nro Signore si degni darmi indulgenza plenaria 117 u.). Ja einmal (96) empfiehlt in solchem Falle Aleander seine Seele „unserm Herrn" und seine Brüder und Diener dem Staatssecretär. Bewusst oder unbewusst fliessen in „N. S." Gott, der Heiland und der Papst zusammen.

[2]) Vgl. w. u.

[3]) Aleander ist später von dieser Zuversicht etwas zurück und zu einer tiefern Einsicht in die Sache gekommen. Er stellt damit an seinem Theile die wohlbekannte, aber nie eingestandene Einwirkung dar, welche die Reformation auch auf diejenigen geübt hat, die der katholischen Kirche treu blieben. In einer von ihm als Bischof von Brindisi (also nach 1524) verfassten Denkschrift heisst es (Friedrich 89): Primum omnium oretur Deus ... ut Ecclesiam suam ... a dira hac animarum peste liberet. ... Oratio autem non, ut nonnulli obstinate consulere persiant, per publicas supplicationes fiat. Nihil nempe magis et Lutheranos insolentes reddit et Germanos ceteros exacerbat, quam cum videmur quodammodo fateri nos auctores eorum criminum quae nobis objiciuntur. Und in einer

kommen nach Böhmen will er durch rechtzeitige Ergreifung gehindert sehn (137). So giftige Schriften, wie das Schreiben Hugwalds an Deutschland vor dem in Basel erschienenen Lutherschen Commentar der 13 ersten Psalme räth er durch die betreffenden Oberhäupter verbieten zu lassen, da die Bischöfe in diesem Theile Deutschlands keine Autorität haben (123). Ganz werde, meint er, die Feuersbrunst doch erst gedämpft werden, wenn der Kaiser ein halb Dutzend Lutheraner habe verbrennen und ihre Güter einziehen lassen (Münter 105.)

War aber die weltliche Macht für Aleanders Ziel von so entscheidender Bedeutung, so musste die erwünschte Lenkung ihres Willens der eigentliche Mittelpunct seiner Bestrebungen werden: Sed prae caeteris „et spes et ratio vincendi in Caesare tantum est" (95). Und in dieser Beziehung lagen die Verhältnisse überaus günstig. Denn die gute Gesinnung und Treue des Kaisers zu rühmen wird er von Anfang bis zu Ende seiner Briefe nicht müde[1]). Der junge Fürst ist ein wahrhaft katholischer Fürst, heisst es gleich im ersten Bericht von Worms, er ist von denkbar bester Gesinnung, wie sie wohl in tausend Jahren nicht hervorgetreten ist (93, 118), der beste Mensch der Welt, ein ganzer Katholik, der beste Sohn der Kirche (141), der in der Lutherschen Sache nur nach seinem Gewissen handeln wird (... cosi farà come li sarà mantenuta la coscienza 118). Er ist aber noch jung und in seiner Umgebung überwiegen diejenigen (144: nel consiglio ha de' buoni per noi certo, ma non molti et li buoni da se hanno poi rispetto sempre ad altri non buoni), die sich von andern als kirchlichen Erwägungen leiten lassen, wie der Grosskanzler (Mercurio Gattinara), der die Grille (fantasia) hat, Luther auf den Reichstag kommen zu lassen (92) und vom Widerstreben des Geschicks redet und ohne ein Concil die Sache nicht abthun zu können glaubt (110); besonders aber Chièvres, der Erzieher und väterliche Berather des Kaisers, der sich auf sein Laien-Urtheil zurückzieht, der vor allem dem Kaiser alle seine Kronen zu erhalten wünscht, den Deutschen sein Ohr leiht und nach ihren Gelüsten temporisirt (93), auch einmal mit drohenden Andeutungen gegen „Euren Papst" und seine Haltung hervorbricht (124) und dann mit überlegenem und bedeutungsvollem Lächeln versichert: er halte es nicht schwer,

---

zweiten, an den Papst selbst gerichteten Schrift heisst es sogar: etiam atque etiam monere non desinam, omnem salutis spem contra hoc malum, quod in dies angescit, a Deo pendere. Hinc sumendum hujus consilii principium, hoc universae rei exitum referendum. Igitur imploranda ad hoc praecipue divina misericordia est, quam facile nobis conciliabimus piis precibus, sed praesertim pristinae vitae in melius reformatione. Neque speremus, ita praeteritorum Deum conniventibus oculis errata nostra, ut proximis retro temporibus. Alia nunc aetas, alia nunc temporum conditio, immutatus est animus populorum ... Neque admodum necesse erit, novas nunc leges condere ant Bullas undequaque fulminare ... Tollat S^mus D. N. e Curia sua eos errores, quibus merito Deus et homines offenduntur et quantum eius vires et auctoritas patiuntur clerum ... monendo increpando etiam sacerdotiis privando castiget ... Itaque in nobis ipsis omnium malorum origo pariter ac medela sita est.

[1]) Die von Münter (72) dagegen angeführte Stelle: „der Kaiser werde sich alles zu Nutze ziehen und der Kirche wenig geben", scheint zum Theil falsch gelesen (poco für poco), theils ist sie willkürlich geändert und übersetzt. Der Irrthum ist auch von Waltz übernommen und von Friedrich (64) richtig gestellt. Wie derselbe dennoch (65) zu dem Urtheil gelangt, Aleander habe sich im Kaiser getäuscht, ist nicht abzusehen; denn durch die vorwiegend politischen Erwägungen, welche, wie Aleander sofort bemerkt, die kaiserlichen Räthe leiten, wird doch die gut katholische Gesinnung und Gewissenhaftigkeit des Kaisers selbst nicht in Frage gestellt und diese ist es, welche Aleander mit unveränderter Anerkennung in immer wiederkehrenden, oft sehr ähnlichen Wendungen ohne auch nur ein einziges Mal einen Zweifel oder Argwohn anzudeuten der römischen Curie rühmen kann.

Luthers Sache aus der Welt zu schaffen (metter silenzio al fatto di Luther 126). Und wenn Aleander (120, etwa Mitte März) ganz verdutzt ist (stupefacto), dass der deutsche Rath, der die Reichsgebräuche doch besser kannte, der Meinung war, der Kaiser könne ohne Befragung der Fürsten mit der Ausführung der Bulle vorgehen, der geheime Rath dagegen, in dem die Italiener und Burgunder sässen, die Frage in die Hände des Reichstages legen will, so liegt der von Aleander damals, wie es scheint, noch nicht geahnte Grund hiefür darin, dass der geheime Rath in die allgemeinen politischen Erwägungen der burgundisch-italienisch-spanischen Regierung des jungen Kaisers, insonderheit in die Verhandlungen mit dem Papste über seine Stellung zu Frankreich besser eingeweiht war, als der deutsche.

Lagen aber die Dinge so, so galt es offenbar vor allem, „dem Kaiser das Gewissen zu leiten", seinen Beichtvater, den bekannten Glapio, dessen Haltung gegen die Reform-Frage der Kirche keineswegs durchaus ablehnend und dem römischen Interesse nicht so unbedingt ergeben war, in guter Gesinnung zu erhalten. Denn der vermag auf die Haltung des Kaisers viel, ja alles (104, 118 più ... che ogni altro; assai immo fere omnia) und bleibt bis zu Ende aus unberechenbar (134: solus Cesar adhuc (15ten Ap.) constat, el qual è de bona natura e religioso purchè chi ha la cura della coscientia lo mantenghi.). Er ist der römischen Auffassung durch die Artigkeiten (gentilezze) des heiligen Vaters gegen ihn schon viel günstiger geworden (93) und man sieht, es ist immer gut, andern Dienste zu leisten. Seine Abreise zu einem General-Capitel seines Ordens in Carpi, mit welcher Glapio sehr ernstlich droht, sucht Aleander mit äusserstem Aufgebot von Bitten, Vorstellungen und Versprechungen zu verhindern (98 o.)

Ausser dem Beichtvater hat der Bischof von Tuy in Spanien, (Tudensis), Luis Marliano, der eine Rede gegen die Lutheraner verfasst hatte, die er gerne in Rom beachtet wissen wollte und überhaupt mit Reden und Schreiben sein möglichstes that, ohne sich dafür genügend belohnt zu fühlen, grossen Einfluss in Worms sowohl bei Chièvres (93 u.) als beim Kaiser, bei dem er sehr wohl gelitten ist. Ihm muss man mit grosser Rücksicht behandeln (utcumque est multi faciendus 93). Auch der Kämmerer von Armestorff, der „in des Kaisers Zimmer schläft", hat Einfluss und Wichtigkeit und seine Beschwerden müssen erledigt werden (100). Wiederholt erklärt Aleander (99, 140) es für nützlich, ja nothwendig, den Kaiser durch eine eigenhändige Belobung oder Ermunterung und wären es nur vier Worte oder zwei Reihen, in seiner guten Gesinnung zu erhalten, auch durch den ähnlich zu gewinnenden Chièvres auf eine günstige Stimmung zu wirken, überhaupt durch möglichst schonende und rücksichtsvolle Behandlung (121), jeden Anstoss am kaiserlichen Hofe zu vermeiden. Als endlich (8ten Mai) das „heilige Bündniss" abgeschlossen ist, begrüsst Aleander es (141) als eine „heilige und hochweise Maassregel", was auch immer andere sagen mögen; denn einzig und allein des Kaisers Feindschaft könne ihnen furchtbar werden. Jetzt „wo wir ihn auf unsrer Seite haben, den mächtigsten und bestgesinnten Mann, den wahren Katholiken, haben wir nicht mehr zu zweifeln", (— an dem Siege der Wahrheit? nein! —) „dass er der beste Sohn der Kirche sein, ihre Güter erhalten, ja, mehren werde". Denn Keiner hat wie er allen Einladungen widerstanden, das Ganze zu nehmen. Hätte er anders gehandelt, es sähe schlimm aus.

Nächst dem Kaiser müssen aber auch alle andern weltlichen oder geistlichen Fürsten, die irgend wie für die Sache in Betracht kommen, günstig gestimmt oder so erhalten werden. Den König von England, den Cardinal (Wolsey) und den Nuntius räth Aleander durch Briefe zu veranlassen, der dort auch schon namentlich unter den Grossen um sich greifenden Krankheit rechtzeitig entgegen zu wirken (97). Der König von Ungarn muss veranlasst werden, zur Ergreifung Luthers mitzuwirken, wenn er sich nach Böhmen zurückziehen wollte. Selbst dem König von Dänemark, der das „ruchlose Verbrechen der Ermordung der Bischöfe" begangen und wohl nie ein Gewissen gehabt hat, darf man die Umkehr nicht allzu schwer machen, um ihn nicht aus Verzweiflung Luther in die Arme zu treiben (139 o.) In der Schweiz, wo die Bischöfe keine Autorität haben, muss man sich an die Häupter wenden. Von den Kurfürsten hat der Kölner sich gut benommen, wird sich hoffentlich noch besser benehmen, der Trierer, ein grosser Freund vom sächsischen, aber ein verständiger Mann hat seine Schuldigkeit gethan (94 u.); der Mainzer zeigt sich in Worten „unserm Herrn, der Kirche" und dem Staatssecretär ganz ergeben, ist aber so gutmüthig, schüchtern und voll Menschenfurcht (94 o.), von so unglaublichem Kleinmuth (140 o.), von seiner Umgebung dermaassen abhängig, dass Aleander von Anfang an wenig von ihm hofft. Der zweifelhafte Pfalzgraf Ludwig, ein grosser Freund des sächsischen Kurfürsten, aber auch des Mainzer und noch keineswegs ganz verloren, ist durch seinen Bruder Friedrich,[1]) einen überaus feinen (il più gentile), klugen und guten Herrn, sowie durch seinen Bruder Wolfgang, Aleanders mehrjährigen Zuhörer in Paris zu beeinflussen (94); der Brandenburger „Markgraf" ist von den weltlichen Kurfürsten allein entschieden kirchlich gesinnt (94, 105), „ganz unser bis zum äussersten" (111), und muss mit grösster Rücksicht behandelt werden (130 o.). Dagegen wird der „Sachse", der Anfangs nur als bethört von seinen Räthen erscheint und noch Hoffnung giebt (94), schliesslich doch als unwiederbringlich verloren angesehen; gegen ihn wäre Schonung Thorheit (103 u.) Von sonstigen Kirchenfürsten oder einflussreichen Personen kommen ausser der nähern Umgebung des Kaisers die anwesenden Cardinäle in Betracht, der Erzbischof von Toledo und Cambray (Croy), der Erzbischof von Salzburg (Lang), der Bischof von Sitten (Schiner), die alle den freilich selbstverständlichen Eifer zeigen; sodann der Lütticher Bischof, Aleanders früherer Herr und Patron, (ein Graf Eberhard von der Mark, Bruder des bekannten Robert), ein Mann freilich von Freimuth, ja Maasslosigkeit und Frechheit der Rede, (94 u., 140 o.), der aber doch schon viel gewirkt hat und hoffentlich noch mehr thun wird (140 u. 141), mithin seine Wünsche befriedigt erhalten muss. Der Tridentiner, ein gewandter Kopf, der beim Sachsen etwas vermag, verspricht alle Dienste und gilt für gut (95); der Triestiner lässt es nie an sich fehlen. Alle andern Bischöfe sind „gut". Der Official von Trier hat (beim Verhör) seine Sache vortrefflich gemacht; er hätte viel schaden können (140) und muss durch eine Belobung belohnt werden. Der Herzog von Alba, glaubenseifrig wie alle Spanier, „reisst sich für unsern Herrn und für die Kirche das Zeug vom Leibe" (si straccia li panni).

---

[1]) Pfalzgraf Friedrich war mit dem burgundischen Hofe sehr verbunden. S. Ranke.

Ausser den Fürsten kommen auch andere einflussreiche Persönlichkeiten oder Körperschaften in Betracht, namentlich solche, die durch Schrift oder Wort bestimmend auf die öffentliche Meinung zu wirken verstehn. Die theologischen Facultäten benehmen sich überall „gut" (95). Den Capito, einen „allgemein anerkannten Lutheraner (101)", einen der „grössten Capitäne der Akademiker, unsrer Feinde", der dann freilich eine Umwandlung erfahren oder doch erheuchelt hat (101), der als „ordentlicher Prediger der Mainzer Kirche¹) und als Lehrer von fast allen Theologen, Priestern und Predigern, die jetzt in den Hauptkirchen Deutschlands das grosse Wort führen" viel vermag, den Mainzer Erzbischof ganz für sich einzunehmen gewusst hat und ihn zu allerlei falschen Schritten verleitet, diesen „klugen und beredten Mann, der viel nützen könnte (101)", meint Aleander, müsse man von einer andern Seite fassen (pigliar per un altro verso) und versuchen, durch eine Gunst von Rom, besonders mit einer Propstei zu gewinnen; denn dann werde er, wenn aus keinem andern Grunde, schon um die Pfründe zu behalten, mindestens freundlicher als bisher der katholischen Kirche gesinnt werden, da die Lutheraner Zerstörer aller Arten geistlicher Pfründen seien (118). Ebenso ist Butzer, der vielleicht noch gefährlicher ist, als Luther, wo möglich nach Rom zu ziehen, bevor er noch sein Gift geschleudert hat (139 u.) und Capellan des Pfalzgrafen (Friedrich) wird. Auch den Erasmus, der schlimmere (102, 115 o.) und verderblichere giftigere (111) Dinge schreibt als Luther, den einige für den versteckten Verfasser der ärgsten Schriften Luthers halten, der das ganze Rheinland von der Quelle bis zum Ocean in Aufruhr und Flammen setzt (102, 115), so dass die Niederlande in höherem Maasse von der Seuche angesteckt sind, als irgend eine Gegend Deutschlands (112), der aber dennoch unbegreiflicher Weise von Rom mit dem äussersten Wohlwollen behandelt wird (102) und mehr Glauben findet mit seinen verläumderischen Berichten als Aleander selbst (111, 115), auch den hat er, — es mochte ihm viel Ueberwindung kosten — doch immer „sich bemüht", in Uebereinstimmung mit den Anweisungen von Rom „mit aller List und Gewandtheit (destrezza) auf den richtigen Weg zu leiten" (146).

Die Mächtigen und die Klugen — auf sie setzt Aleander seine Hoffnung.

Und wenn es danach scheinen könnte, als wenn er doch auch der innern Kraft der guten Sache vertraut habe, so ist auch das nur Schein. Denn Männern wie Capito, Butzer, Erasmus will er doch im Grunde nur den Mund stopfen. Wo er von der günstigen Wirkung der Predigt auf das Volk spricht, stehen neben den „Predigten" unmittelbar die „Verbrennungen" und neben der Hülfe „Gottes" „die Güte des Kaisers" (96). Das einzige Mal, wo sonst von der Bekämpfung der lutherischen Bewegung auf ihrem eigenen Boden und mit den Waffen des Worts und des Geistes die Rede ist (129), hält er es doch für nöthig, guten Köpfen in Rom mit „Gunst und Belohnung" zum fleissigen Studium der Bibel und zur literarischen Vertheidigung des Glaubens Lust und Muth zu machen.²) Ohne Lohn, einzig aus Eifer für Gott und die evangelische Wahrheit, sich Mühen und Gefahren zu unterziehen lag überall nicht im gewöhnlichen

---

¹) Capito war 1520—23 Domprediger, Kanzler und geistlicher Rath in Mainz.
²) Vgl. oben S. 15.

Gedankenkreise der römischen Welt. Mit voller Billigung offenbar giebt Aleander die Klagen des Bischofs von Tuy wieder (93 u.), der ihm wiederholt erklärt hatte, er habe in der Lutherschen Sache alles mögliche gethan und thue es noch, aber er sähe, seine Mühe sei fruchtlos. Ebenso hält der Lütticher Bischof, der auf einen Cardinalshut erpicht ist, wenn Aleander ihn zu seinem Werke gebrauchen will, ihm seinen Fall vor und sagt, man lasse ihn sich zu sehr quälen (95). Den befremdlichen Drohungen des Beichtvaters (98 o.), er werde nach Carpi zu einem General-Capitel seines Ordens abreisen müssen, weiss Aleander schliesslich nicht besser, als durch die Versicherung zu begegnen, der Papst werde seinen Wünschen endlich willfahren. Aleander selbst ist darauf gefasst, durch seine Schilderungen der Gefahren und Mühen, die er besteht, in Rom den Verdacht der berechnenden Gewinnsucht zu erregen; er versichert auch nur, an Belohnungen nie vorzugsweise gedacht zu haben (al che (premij) mai principalmente ci pensai 113 u.).[1]

Demnach sind dann die Mittel, womit Aleander die Klugen und die Mächtigen dieser Welt sich dienstbar zu machen sucht oder empfiehlt, keine andern, als die welche Macchiavelli, sein grosser Zeitgenosse in ein System gebracht hat: Vorsicht und Misstrauen, Theilung der Feinde und Benutzung des einen gegen den andern, Gunst und Gefälligkeiten, Versprechungen und trügerische Freundlichkeit, Ueberwachung und Bestechung, wie er selbst bekennt: „Eifer und Schlauheit".

In der That wird man bei der Ungunst und Schwierigkeit seiner Lage, die aufgebotene Rührigkeit und Anstrengung nicht unterschätzen dürfen. Der lang angesammelte Hass der Deutschen gegen Rom richtete sich insonderheit gegen seine Person. Stolz auf seinen wissenschaftlichen Ruhm in Frankreich und Deutschland, von dem er in einem Briefe seinem Schüler Hummelsberg eine sehr ausführliche und bezeichnende Schilderung entwirft, sah sich der erregbare Mann jetzt von allen Seiten verschrieen als Ueberläufer von der Wissenschaft, als Schmeichler der Curtisanen, Vertheidiger von Räubern, Henker und Verbrenner guter und heiliger Bücher, von seinen frühern Zuhörern gemieden wie ein Gebannter, ausgestossen von ganz Deutschland, kaum im Stande, für schweres Geld sich das Nöthige zu schaffen (95). Hutten trachtet von der nahen Ebernburg her nach seinem Leben; er fühlt sich unsicherer in diesen deutschen Städten, als in der Campagna (96). Darum hat er sich mit grossen Kosten nnd Ungemach eine Herberge in der unmittelbaren Nähe des kaiserlichen Hofes (quasi contigua al palazzo del Rè) verschafft,[2] ein Kämmerchen ohne Kamin im Hause eines Armen, so dass er in rheinischer Kälte das Feuer entbehren muss, das ihm sonst von September bis Mai nicht ausgieng. Ohne

---

[1] Von Pallavicini wird es (I, 25, 8) offen ausgesprochen: Se dunque ... vogliamo, che la Reggia spirituale del Christianesimo sia frequentata da persone d'ingegno, di lettere, di valore, di nobilità, lasciando le patrie, sottoponendosi al celibato ed ad altre gravezze ...; fa mestieri che possano sperare onori ed entrate. — Aleander theilt am 5ten April 1518 von Rom aus seinem Freunde Hummelberg mit, wie man ihn in Rom zurückzuhalten gesucht und gewusst habe: ... quin tu potius aliquantisper adhuc apud nos moraberis et operum nostrorum aliquid feres, neque deerunt, ubi tempus locusque postulabit, debiti honores. Horawitz Analecten 106. (Sitzungsberichte der phil.-histor. Classe der k. Ak. d. W. (in Wien) Januar Heft 1878.)

[2] Die Mittheilung Huttens an Butzer vom 28sten Nov. (Böcking I, 428): Aleander hospitio accipitur a Vigili Wormatiae; sic monuit Tilonius, scheint damit nicht vereinbar.

solche Nähe der kaiserlichen Wohnung wäre ihm schlimmes passiert (104 u.). Denn er schwebt beständig in grösster Lebensgefahr; nie ist er in solchem Elend und Drangsal gewesen (112). Er kann nicht über die Strasse gehn, so legen sie die Hand an den Degen, rufen ihm zähneknirschend einen Fluch zu und drohen ihm den Tod (117). Ein nichtswürdiger Thürwart des Rathes, der sehr lutherisch war, stiess ihn mit beiden Händen vor die Brust und alle Anwesenden sagten, er müsse Beschwerde führen (116). Hutten hat ihm schliesslich (in seinem Briefe vom „März" bei Böcking) förmlich Fehde angesagt und so muss er nach deutscher Sitte darauf gefasst sein, auf der Strasse todtgeschlagen zu werden.

Trotz alledem, trotz aller der tausend Verdriesslichkeiten und Schwierigkeiten, die ihm von Seiten der Kaiserlichen, ja von Seiten seiner eignen Herren und Partei gemacht werden, erklärt er zu wiederholten Malen und in den stärksten Ausdrücken, ausharren und seine Aufgabe durchführen zu wollen. „Gott strafe mich" (Dio mi confondi) „wenn ich, so viel an mir liegt, jemals den kleinsten Augenblick versäumt habe in dieser Sache zu wirken". „Tag und Nacht sind wir beim Kaiser und beim Beichtvater und den Mitgliedern des geheimen Rathes und mühen uns ab, das Ansehen unseres Herrn unangetastet zu erhalten". Das sind keine Redensarten. „Ganz früh, vor Sonnenaufgang" (109 u.) ist er schon bei Chièvres. Ist der Kaiser beschäftigt, etwa durch eine Sitzung seines Raths, so wartet er wohl „zwei geschlagene Stunden" (due grosse hore) bis er herunterkommt (110) und wenn der Kaiser ihm verspricht, er werde noch vor dem Mittagessen sich mit der Sache befassen, hält er ihm doch noch erst die Wirren vor, die seit 2 Monaten bei so vielen Berathschlagungen nur gewachsen seien. Seine Besuche bei Hofe scheinen mindestens tägliche gewesen zu sein; wenn er einmal „gestern und heute sich ein wenig (sic) mit Gott und dem Gewissen beschäftigt hat" (un poco atteso a Dio et alla consciencia), und darum nicht hingegangen ist (ne però son ito in Corte), so hält er es für nöthig, es ausdrücklich zu bemerken (123). Geht etwa der Kaiser mit seinem Gefolge vor das Thor, um sich zu vergnügen und ein Paar Hengste, die ihm der Markgraf von Mantua geschenkt hat, selbst zu prüfen, so schliesst Aleander sich an (seguitai) um mit Chièvres zu sprechen und begleitet ihn „eine gute Strecke" weit mit Vorstellungen, Darlegungen und Ermahnungen (124). Hört er von Caracciolo, man wolle die Irrthümer Luthers theilen, ihn einiges widerrufen, seine Angriffe gegen die Papstgewalt aber durchschlüpfen lassen, flugs (subito) ist er beim Kaiser und stellt ihn zur Rede (136). Lauheit und Aengstlichkeit kann man Aleander nicht nachsagen. Pallavicini hat Recht, wenn er unter den Gründen, die zu Aleanders Wahl für die schwierige Aufgabe am Reichstage führten, seine incredibile diligenza nennt. Aleander selbst hat Recht, wenn er sich seiner „troppa diligentia" (118 u.) rühmt.

Aber Aleander hat auch Recht, wenn er sich an derselben Stelle mit vollendeter Unbefangenheit seiner „troppa astutia" rühmt. Denn die Tugend des Fuchses ist es, unter deren Begriff die Mittel fallen, welche der Eifer des Vertreters Roms wählt. Dabei schicken wir billig voraus, dass Aleander das System das er übt, an seiner Person selbst auch erfährt.

Gleich im zweiten der vorliegenden Briefe bemerkt er (97), es fehle am römischen Hofe nicht an Schuften (ribaldi) und ihm persönlich verfeindeten, die alles „hieher schreiben" (quà scriveno). Weder dort noch hier könne man etwas thun, sagen oder schreiben, das man nicht eher über Rom (per via di Roma) als aus diesem Lande erfahre und die, welche diese Winke hierher geben, seien, soweit man sehen könne, Leute mit amtlichem Character (huomini officiali) in Rom, oder wenigstens deren Diener. Seine Briefe, z. B. die über Erasmus, werden in Rom unberufenen mitgetheilt (99) und so Erasmus von diesen über seine Berichte in Kenntniss gesetzt. Er merkt, sein Herr traut ihm nicht (101 u.); statt seine Vollmacht zu erweitern wie die dringlichen Umstände es verlangten, nimmt man ihm seinen Namen und das Vertrauen der Fürsten, thut das von ihm als nothwendig bezeichnete nicht, obwohl er dies doch besser beurtheilen kann als ganz unbetheiligte. Inmitten von Gefahren, Nöthen und Schmach, von denen Se. Heiligkeit und der Staatssecretär nicht die entfernteste Ahnung haben, in dem kalten Rheinlande aufs kümmerlichste untergebracht (96), die Nächte fiebernd, wird er dennoch nicht aufhören, als treuer Diener des Papstes und des Staatssecretärs erfunden zu werden und sollte es sich zeigen, dass nicht er allein die ganze Last und Hitze des Tages getragen habe, dann will er gern die Gunst beider verlieren (102 o.) Höchlich befremdet ist er, dass Erasmus seinen Herren es dermaassen in den Kopf gesetzt hat (habbij tanto impresso nel capo), Aleander thue ihm Unrecht und sei ihm persönlich verfeindet. Er betheuert, persönlichen Streit mit Erasmus nie gehabt zu haben und hätte er es, so werde er doch nie ein solcher Thor sein, die Zahl der Feinde zu vermehren und nicht so eigensüchtig, um persönlichen Stimmungen den Vortheil der Kirche zu opfern. Könne man ihm das nicht zutrauen, sei er verdächtig, so wünscht er seines Auftrages enthoben zu werden. Er will es nicht glauben, dass man „jenen Spähern, Verläumdern und Lügnern" Vertrauen schenke, die nach Rom melden, er lebe in Pracht und Pomp und kümmere sich nur um seine eigne Sache, denen er 10000 Zeugnisse vom Gegentheil entgegen setzen könne. Schmutz und Elend, Gefahren, Mühen, Drangsal, alles wolle er ertragen, aber seine Ehre könne er sich nicht antasten lassen (112 o.). Der Teufel scheine jene aufzustacheln, dass er vor Aerger „crepiere" oder noch kränker werde als er schon sei, oder sich zurückziehe zur grössten Freude der Lutheraner, was er aber erst thun werde, wenn er seinen Herrn und den Staatssecretär den „falschen Verläumdungen jener Afterredner" Glauben schenken sehe (112). Vielleicht wird man ihm nicht eher glauben, als bis er gesteinigt oder in Stücke gehauen sein wird (117), das aber möge Gott verhüten.

In der That muss an seine Ersetzung oder Ueberwachung durch einen Cardinal-Legaten ernstlich gedacht worden sein. Gegen Mitte März schreibt er (120), in Worms würden Briefe verschiedener aus Rom bekannt, dass im Consistorium die Frage erwogen sei, ob man nicht für die Luthersche Sache einen Cardinal-Legaten a latere schicken solle; eine Maassregel, die er eifrig als unnöthig bekämpft, wenn man mehr Treue und Umsicht verlange und als gefährlich, weil die Deutschen sie benutzen würden, um neue Concordate zu erpressen.

Aleander seinerseits sucht vor allem mit Vorsicht der Erregung neuer Feinde vorzubeugen. Obwohl er von der Gefährlichkeit des Erasmus die grösste und offenbar nur durch persönlichen Widerwillen übertriebene Vorstellung hat, ist er ihm doch immer mit vollendeter Freundlichkeit begegnet, „um nicht zu viel Feinde auf einmal zu erwecken" (102. 116 non oportet simul concitare tot hostes). Aus demselben Grunde findet

Aleander es nicht rathsam, die erste endgültige Bulle, in der auch der böse und so gefährlich nahe Hutten genannt war, zu veröffentlichen; er verlangt eine neue gegen Luther allein; die gegen Hutten will er erst bekannt machen, wenn er aus Deutschland fort ist; sonst könne es ihm das Leben kosten, ohne Nutzen für die Sache (131. 137). Durch Entzweien zu herrschen, clavum clavo trudere (98 und 129) et fratres fratribus castigare ist der gepredigte und geübte Grundsatz auch neurömischer Staatsweisheit.

Vor allem aber gilt es Freund und Feind genau zu überwachen. Und dafür hat Aleander selbst ein offenes Auge und treffende Beurtheilung. So nahe dem kaiserlichen Hofe einquartiert seiner Sicherheit wegen, wird er auch die kaiserliche Thür nicht ausser Acht gelassen haben. Sein Kundschafterdienst zeigt sich gut organisiert.

Von dem an den Kurfürsten Friedrich zu erlassenden Schreiben des Kaisers hat er durch den Secretär Maximilian vermittelst eines „der Seinen" eine Abschrift (99 u.). Die Schrift „der Beschwerden Deutschlands" hat er sich heimlich (nesciis Saxonibus) durch einen Lütticher Secretär, der Verbindungen im „Hause des Sachsen" hat, zu verschaffen gewusst und schickt sie nach Rom (104). Ueber die ersten erregten Berathungen im Kürfürsten-Collegium in Betreff der kaiserlichen Vorlage (105 u.), über das „Bedenken" (Förstemann II, 15, 57) der Stände an den Kaiser ist er sofort genau unterrichtet (106 o.). Von dem Inhalt des Entwurfs der Lutherschen Vorladung, womit eine Commission beauftragt war, hat er auf „gutem Wege" völlig richtige Kunde (110 o.). Aus Rom erfährt er durch „seinen Procurator" das Nöthige (116), z. B. auch das, was Erasmus „in die Hauptstadt" schreibt (116), oder durch „Briefe verschiedener" was im Consistorium verhandelt wird (120). Bei Tische benutzt er die Gelegenheit argloser Offenherzigkeit, um allerlei zu erfahren, nach dem Sprichwort: la tavola è un grand tormento (125). Auf die erste Nachricht von Luthers Ankunft schickt er „einen der Seinen" ab, der den ganzen Hergang beobachtet (136). Ihm ist sogar — also von der Ebernburg her! — „ein Blättchen in die Hände gekommen" (129), das ihm ein Stückchen des Entwurfes zu dem Huttenschen Briefe gegen die Priester zu sein scheint; an mehr als hundert Stellen ist es durchstrichen, fast alle Wörter mehr als zehn Mal geändert: er sieht und weiss es auch „auf verschiedenen" andern „Wegen", dass „alle die rheinischen Akademiker dazu ihren Beitrag geliefert haben."

Ausser den Spähern von Handwerk, die er im eigenen Dienste um sich hatte, glaubte aber Aleander auch ohne „Secretäre und Diener" maassgebender Persönlichkeiten nichts ausrichten zu können (113 quia aliter nihil fit). Spiegel, der Secretär des kaiserlichen Rathes (130 o.) hat sich erboten, wenn man ihm eine Geheimschrift gäbe, Enthüllungen genug zu machen, dass man sich wundern solle. Zwar ist er ein falscher Mensch und von wenig Verstand, aber es sei doch gut zu versuchen, was er könne, denn er sei einer der Eingeweihtesten jener verdrehten Akademie (perversa Academia), offenbare ihm manches und verspreche gute Dienste zu thun, nur im Geheimen. Aleander stellt sich als traue er ihm, wovor Gott ihn behüten möge, aber man könne den Menschen doch so brauchen. Spiegel verspricht auch nach dem Fortgang des Kaisers vom Reichstag, von allen Bewegungen und Versammlungen (concilii; vielleicht consilii) gute Nachricht zu geben und verlangt für die Dienste der drei nächsten Jahre nur 100 rheinische Goldgulden, freilich, was nicht ohne Interesse ist zu hören, unter sofortiger Baarzahlung! In der That hat Aleander ihm später, als nach dem Wormser Beschluss die Luthersche Sache in gute Wege geleitet schien, „nur 50 fl. gegeben", „das werde ihm genügen" (140 u.).

Käuflich aber hält Aleander so ziemlich alle Welt und von der Wirksamkeit des Geldes hat er eine grosse Vorstellung. Er traut auch der römischen Curie nicht zu, dass sie mit Geld knausern werde (98), obwohl er sich über die Verzögerung in der Zusendung der nöthigen Summen wiederholt beklagt. Rechtzeitig eingetroffen würden die 400 Ducaten, deren Empfang er unter dem 12. Febr. dankend bescheinigt, wahrscheinlich der ganzen Verdriesslichkeit überhoben haben (101). Mit einigen Thalern könne man die sämmtlichen Secretäre und Diener trotz ihres Hasses gegen den römischen Hof doch nach römischer Pfeife tanzen machen (saltar a nostro modo). Die Verzögerung in der Ausfertigung des Mandats gegen Luthers Bücher trotz der ausdrücklichen Befehle des Kaisers schreibt er zum Theil dem Mangel an Geld zu, um die betreffenden „Secretäre und Diener zu schmieren" (140 unguer le mani). Unter dem 19sten März beschwört er aufs neue den Staatssecretär um schleunigste Zusendung der verlangten Mittel (provisioni), denn jetzt sei es Zeit oder nie (123), sich Freunde zu machen auf der Gegenseite (farsi amici questoro), die ihn auch anglengten, sowie sie ihn sähen, ohne Scheu.

Wo Geld nicht angebracht scheint, wird mit Gunstbezeugungen in Worten oder Werken, wirklichen oder scheinbaren, mit Versprechungen, ernst gemeinten oder trügerischen gewirkt, selbst auf die Gefahr der Ungerechtigkeit gegen Dritte.

Denn es ist nun einmal nicht anders, das spricht Aleander ganz offen und ausdrücklich aus, (15. April, 134), es giebt kein anderes Mittel: wir müssen uns in die Hände derer geben, die „wir sehen nicht grade pflügen" (bisogna che ci remettiamo nelle mani de chi vedemo non arar dretto). Und sie, die man nicht entbehren könne, müssten ja nicht merken, dass man sie für feindlich oder verdächtig halte; es gälte, sie mit süssen Worten zu überwinden, ihnen Meere und Berge, Hüte und Hütchen vom Papste zu versprechen. Mit Gründen des Glaubens, der Religion und Seelenheils zu verfahren, Segen oder Fluch zu verwenden, nütze nichts, denn alle Welt lache darüber.

Dieser Ansicht gemäss ist denn sein ganzes Verfahren.

Gewirkt haben die gentilezze des Papstes gegen den Beichtvater (v. 49). Sie bestanden in den dolcissime parole e benedictioni di Nro Signore, welche ihm in einem Briefe des Staatssecretärs „in einem eignen Capitel" übermittelt waren; bisher mit andern gleich behandelt, war er nicht sonderlich zufrieden (104 o.). Aleander räth ihn auch ferner noch durch ein „besonderes Schreiben" auszuzeichnen und den offenbar leicht erkaltenden (refredito) durch erneute und wiederholte Erwähnungen warm zu halten (118). Für den Meister des kaiserlichen Oratoriums (maestro dell' Oratorio di Cesar) wird um ein Protonotariat, für den Sohn eines kaiserlichen Portiers um einen Dispens, für den Doctor Burchard, Prediger Ordens, der gute Dienste gegen Luther thut, gleichfalls um einen Dispens gebeten (130). Dass Joh. Fabri[1]) von Augsburg gegen den heiligen Stuhl gesprochen, der doch so viel Beneficien empfangen, wird ihm sehr übel genommen (135).

---

[1]) Später bekanntlich ein Vorkämpfer des Katholicismus.

Wo aus Derogationen der Concordate Streit entstanden, muss demselben ein Ende gemacht werden und die Impetranten für dies Mal Geduld haben, da es heilsam ist, dass einige sterben für das Volk (expedit paucos mori pro populo); Se. Heiligkeit muss Stillschweigen auferlegen oder den Process niederschlagen für den Augenblick, bis die Wuth vorübergeht (100 o.) So ist der Bischof von Caserta, der zwar kraft einer Reserve aber gegen die Concordate ein Recht auf eine münstersche Präbende hat, um das Geschrei zu verhüten, zum Verzicht auf dieselbe zu bestimmen. Der Kämmerer des Kaisers, Armstorff, bisher immer kirchlich gesinnt, beschwert sich wegen „einer gewissen Propstei" über den Cardinal Egidio; er muss zufriedengestellt werden. Aehnlich ein ungenannter Probst von Hildesheim (100). Dabei lässt sich nicht immer nach dem strengen Recht verfahren, obwohl man auch kein Unrecht thun muss. Der Bischof von Tuy z. B. hat wohl, wie Aleander glaubt, Unrecht gegen Don Loys Carozzi; bei alledem, da jener Bischof beim Kaiser und bei Chièvres so viel Ansehen und Einfluss hat, so ist es doch Rath und Meinung grosser Personen, man müsste ihn zum Freunde halten und den Don Loys mit einer andern Zusage oder Belohnung zum Verzicht auf die betreffende Pfründe veranlassen (93). Aleander wiederholt, er sage nichts mehr als was die grossen Freunde des Staatssecretärs gerathen haben; fügt aber doch hinzu, dass dieser Bischof sehr unzufrieden sei, weil ihm die Anerkennung seiner Mühen fehle, dass er unter allen Umständen von grösster Wichtigkeit und in der Lutherschen Sache wegen seiner Gelehrsamkeit und Beliebtheit beim Kaiser von grösstem Einfluss sei; „dennoch aber verlange ich nichts gegen Recht und Gesetz".

Einige Seiten weiter (100 im 4ten Briefe) drückt er sich entschiedener aus: „in solchen Fällen ist es nicht nöthig soviel Rücksicht zu nehmen auf die, welche erklären, ein erworbenes Recht zu haben. Denn um einem so grossen Unheil zu begegnen, kann unser allerheiligster Herr auch Pfründen¹) dem einen nehmen und dem andern geben". Darum wäre es gut den Schlettstädtern zu willfahren, um diese zur Verwendung gegen die Lutheraner zu haben und ein Breve an sie zu erlassen des Inhalts, wie ihn der kaiserliche Secretär Jac. Spiegel ihm angegeben hat; denn auf dieser Stadt (und wohl der dort entstandenen Verbindung (unione), von welcher Aleander in einem nicht vorliegenden Schreiben berichtet hat) beruht eine grosse Hoffnung der rheinischen Lutheraner, da sie gute Talente hat; Spiegel hat aber viel Vertrauen bei ihnen und verspricht sie zum grossen Theil zurückzubringen.

In dem Streit der Stadt Regensburg mit dem Bischof, welcher des Pfalzgrafen Bruder ist, muss bis zur Beilegung der Bewegung „dilatorisch" vorgegangen (bisogna andarci un poco pede plumbeo 139 u.) und das Urtheil hingehalten werden; danach mag Gerechtigkeit walten. Denn schlimm ist es, den Bischof zu erzürnen, der Brüder wegen, noch schlimmer aber für den Augenblick die Ergebenheit der Stadt zu verscherzen, die gute Dienste gethan hat und die man gerade jetzt brauchen kann. „Indess" schliesst Aleander, „Recht soll geschehen, aber das wahre Recht und mit reifender Zeit".

Auch zu bewussten Täuschungen bekennt sich Aleander.

---

¹) pacifica (beneficia) weiss ich nicht zu deuten; ob pacificus oder pacifice zu lesen ist:

Als er in Worms mit der Forderung eines Concils „gleichsam überschüttet wurde", gab er nach Empfang eines Couriers vor, (finxi) vom Papste ein Breve mit der Ankündigung demnächstiger Ausschreibung eines solchen erhalten zu haben. Da entstand ein solcher Schreck oder vielmehr Argwohn, der Papst habe mit den andern Königen sich verabredet, dass weder die kaiserlichen Räthe noch die Fürsten ein Wort wieder vom Concil erwähnten (80).

Capito, einer „der grossen Hauptleute der Akademiker unsrer Feinde" (118 o.) stellt sich vor seinem Herrn, dem Mainzer Erzbischof als bekehrt und lässt sogar durch Aleander einen Widerruf (reformatione) nach Rom abgehen (101 o.) Dennoch kehrt er in seinen Gesprächen, wie Aleander hört, zu seinem „Gespiene" (vomito!) zurück und wenn Aleander ihn darüber zur Rede stellt, erklärt er, es desshalb zu thun, um die Gesinnung anderer bloss zu legen. Aleander thut, als schlucke er diese abgeschmackte Entschuldigung herunter (fengo mangiarla) und zeigt ihm alles Vertrauen. Es wäre gut, wenn der Papst ihn zufrieden stellte, denn er ist gelehrt und beredt und kann viel nützen.

Am gröbsten täuscht Aleander den Erasmus.[1]) Trotz aller Betheuerungen des Gegentheils tritt ein starker persönlicher Widerwille unverkennbar hervor und deutlich giebt sich Neid und Eifersucht, sei es auf den literarischen Ruhm, sei es auf Gunst und Vertrauen am römischen Hofe zu erkennen. (102, 111, 115 o.) Hieraus allein erklärt es sich, dass Aleander, der sonst eine so scharfe Beurtheilung von Personen und Sachen zeigt, der auch darin ganz richtig sieht, dass Luther ein unversöhnlicher Gegner der Kirche ist, dem er in alle Ewigkeit nicht widerrufen wird (quod nunquam in aeternum faciet 92), dem mit seinen sonstigen Mitteln beizukommen er niemals gehofft zu haben scheint,[2]) dass dennoch Aleander den Erasmus weit gefährlicher und als den Verführer von ganz Niederdeutschland (quid enim Saxonibus cum Flandris? 112, cf. 116 u. a.) darzustellen sucht. Diesem gründlich gehassten Nebenbuhler theils, theils Gegner gegenüber hat nun Aleander nach seinem eigenen Geständniss (99. 115) „immer geheuchelt", hat ihn gelobt; als Erasmus in Köln ihn aufsuchte, da hat er ihm die „grössten Liebkosungen und Ehren" erwiesen (più grandi carezze et honori ch' io potei) und sich immer schlau verstellt (sempre dissimulai dextramente) und einige verbindliche kleine Lügen (alcune bugiette officiose) erfunden, z. B. auch, er habe seine religiösen Schriften gar nicht gelesen und wisse nicht ob sie gut oder schlimm seien; die Sache des Glaubens und sein Auftrag habe es so verlangt. Diesen selben gefährlichen Mann und schlechtesten Christen hat er

---

[1]) Kein Wunder, wenn Erasmus zu dem Urtheil gelangt: homo, ut nihil aliud dicam, non superstitiose verax Ep. 84 Buch 20, p. 1040.

[2]) Aleander schreibt in seinem 3ten Briefe (98), der Trierer Erzbischof habe ihn darauf angeredet, dass man Luther das Anerbieten eines grossen Erzbisthums und des Cardinalshutes gemacht habe und alle Welt daran Anstoss nehme. Aleander erklärt ihm, dass dann wenn einer, er es wissen und einen Auftrag der Art gehabt haben müsse. Der „sächsische Basilisk" hatte nur gegen drei Kurfürsten geäussert, man würde Luther derartiges geben, damit er widerriefe, das wisse er ganz gewiss. Da meines Wissens ein ausdrückliches und glaubwürdiges Zeugniss für ein wirklich geschehenes Anerbieten der Art nicht vorliegt und Rom, so unbedenklich sonst mit solchen Mitteln, doch sehr vorsichtig zu sein pflegte, sich nicht ohne Erfolg blosszustellen, so glaube ich allerdings, dass Aleander hier völlig im Rechte ist. Auch nicht die leiseste Andeutung findet sich, dass Aleander, der sonst auf seine Künste so viel vertraut, jemals an ihre Anwendung bei Luther gedacht hätte. Aehnlich gab er den Kurfürsten verloren, um gute Worte an ihn zu verschwenden.

besonders auch dafür gelobt, dass er es nicht so gemacht hätte wie Luther und hat ihn ermuntert zu schreiben, was die Kirche erbaue, nicht was sie theile. Er hat ihn auch nach Rom eingeladen und ihm ein freundliches Willkommen und gute Behandlung versprochen (116). Sodann aber, als Erasmus damals von den Vorbereitungen zum Verbrennen (atto solenne) der lutherischen Schriften hörte und ihn um eine Unterredung bitten liess, liess Aleander sich mit Ueberhäufung von Geschäften entschuldigen und später kam Erasmus nicht wieder.

Ja selbst die geheiligtsten Grundsätze der eignen Kirche halten vor diesem System nicht Stand; den Lockungen des Vortheils tritt keinerlei Schranke mehr entgegen. Luther hatte dem wohlgesinnten Trierer Erzbischof Mittheilungen unter dem Siegel des Beichtgeheimnisses gemacht. Der Kaiser (sic) drang in den Kurfürsten, es ihm zu verrathen. Der weigerte sich und Chièvres lobte ihn, denn es sei nicht redlich, das zu offenbaren, was er ihm unter dem Siegel der Beichte anvertraut hätte. Aleander, der Priester, der Diener des Statthalters Christi hat eine andere Auffassung, als der Diener des Kaisers und der Laie. „Ich will" sagt er,[1]) „da ich in genauer Freundschaft mit dem Kurfürsten stehe, versuchen, ob ichs von ihm erhalten kann, dass er zur Ehre Gottes und zur Beförderung des Kirchenfriedens dieses Sr. Heiligkeit in geheimen Briefen offenbare; denn er ist nicht verbunden, einem Manne das Sacrament der Beichte zu halten, der die Beichte zerstört, der ein notorischer Ketzer und kein Glied mehr der Kirche ist".

Lügen, trügen, „zur Ehre Gottes" Gottes Gebote verletzen, im Dienste der heiligsten Ordnung an den heiligsten Ordnungen zu freveln hält Aleander für erlaubt, für geboten. Er selbst, der amtliche Vertreter und Bevollmächtigte der römischen Curie erklärt es in unumwundenster Form, erklärt es in einem Schreiben an die Curie selbst, höherer Billigung gewiss. Mit dieser Thatsache kann Aleanders Characteristik als abgeschlossen gelten.

III. Gang der Verhandlungen.

Um aus den von Friedrich veröffentlichten Briefen Aleanders den Fortgang seiner Bemühungen und den Gang der Wormser Verhandlungen zu erkennen und soweit wie möglich entweder Bekanntes zu bestätigen und zu erläutern, oder Uebersehenes ins Licht zu stellen, bedarf es vorher einer Untersuchung über die Datierung und zeitliche Folge der Briefe.

Von den 27 mitgetheilten ist zunächst als ungleichartig auszuscheiden No. 14, ein lateinisches Begleitschreiben der Bulle bei ihrer Uebersendung an die einzelnen Diöcesen[2]). Ausserdem ist No. 9 mit No. 8 zu einem zu verbinden. Diess wird nicht nur durch das Fehlen jeglicher Schlussformel am Ende von No. 8 und durch den Anfang

---

[1]) Münter 98; der betreffende Brief ist nicht unter den von Friedrich mitgetheilten.
[2]) Dieses Schreiben ist datiert „vom Wormser Reichstag, 13ten März 1521", unmöglich richtig. Denn noch in seinem Briefe vom 19ten, ja noch Ende April oder Anfang Mai (Br. 22) verlangt Aleander die endgültige Bulle „gegen Luther allein und seine Anhänger im Allgemeinen" ohne Nennung Huttens und erklärt, „diese Bulle gegen Luther wolle er noch während des Reichstages, die gegen Hutten erst bei seiner Abreise aus Deutschland veröffentlichen." Vgl. w. u.

von No. 9: in tal modo, das gar keine Beziehung haben würde, wahrscheinlich, sondern es wird auch durch den folgenden Brief No. 10 vom 28sten Febr. geradezu bewiesen, wo es im Anfange (S. 109 u.) heisst: Non essendo partito el Corrier ho voluto aggiunger lo che hoggi habbiamo inteso delle cose nostre in deutlichem Bezuge auf die Ankündigung (Ende von No. 8 S. 108 u.): del che domano solecitarò intender. Noch deutlicher heisst es S. 110 o.: andai poi a Sedunen., in cujus domo fu hieri fatto il Concilio supra ciò und gleich nachher: et in reliquis come in mie altre hieri scrissi. Die gedachte Berathung ist also am 27sten gehalten und worauf sich Aleander mit dem in reliquis u. s. w. bezieht, steht nicht in No. 9, sondern in No. 8; wie denn altra lettera auch No. 20, 131 u., 21, 136 für den letzten Brief vorkommt.[1])

Von den übrigen 25 an den Staatssecretär gerichteten sind undatiert zunächst die drei ersten. Sie bieten aber Anhaltspunkte genug, um sie wenigstens annähernd in die richtigen Tage zu verlegen.

In No. 1 erzählt Aleander, er sei am 30sten des „vorigen" Monats in Worms angekommen, am 29sten sei auch in Mainz die Verbrennung der Lutherschen Bücher vollzogen. Da wir nun aus einem Briefe Huttens an Butzer vom 28sten Nov.[2]) sowohl seine Ankunft in Worms als die Thatsache der Verbrennung feststellen können, so ist der passato (90 und 91) als der November und der questo (90) als der December erwiesen. Am 11ten Dec. also hat Aleander ein Schreiben des Staatssecretärs vom 3ten gehabt (S. 90). Der Kaiser ist bereits eingetroffen — diess geschah Mitte December —, Aleander ist schon „gestern Abend" bei ihm eingeführt und hat eine Besprechung unter vier Augen mit Chièvres gehabt, hat „heute Morgen" einem Rathe, auch einem geheimen Rathe des Königs beigewohnt und mit Chièvres beim Lütticher Bischof gegessen, wo viel von der Sache verhandelt worden ist: alles führt darauf, den Brief No. 1 in die Mitte oder gegen die Mitte des December zu verlegen.

Der zweite Brief spricht von den erwarteten guten Wirkungen der Adventszeit (S. 96 u.) und scheint, nach den Eingangsworten zu schliessen, dem ersten rasch gefolgt zu sein, ein Bericht über die persönlichen Verhältnisse, die in Betracht kamen, im Anschluss an den über die sachliche Lage.[3]) Er erwähnt, ausser der babylonischen Gefangenschaft, „andere Werke in deutscher Sprache", die der „genannte Schelm" gegen die Bulle herausgegeben habe. Gemeint ist wahrscheinlich vor allen die Schrift: Wider die Bulle des Endchrists, welche Anfang November unter der Presse war.[4]). Gedacht wird ferner der Huttenschen Glossen über die Bulle, die Anfang December[5]) erschienen und

---

[1]) Bei der Bezeichnung der Briefe im Folgenden wird die Friedrichsche Numerierung beibehalten werden.
[2]) Böcking, Hutteni opera I, 428.
[3]) Die „Erwähnung" der babylonischen Gefangenschaft, die Aleander (97 o.) „oben" gethan haben will, die aber in dem uns vorliegenden so nicht zu finden ist, scheint entweder auf eine Lücke in diesem Briefe (supra!) oder auf den ersten Brief zu deuten, wo mit „questa ultima opera" (92 u.) schwerlich etwas anderes als das hier genannte Werk Luthers gemeint sein kann. — Wenn Münster diesen No. 2 als den „dem Anschein nach ältesten" Bericht aus Worms bezeichnet, so muss er den Anfang: in l'altra mia ho scritto de rebus, in questa scriverò de personis ganz übersehen oder den ersten nach Mainz verlegt haben.
[4]) S. Köstlin I, 403.
[5]) Böcking I, 430 und 431.

4 oder 6 Briefe an den Kaiser und andere, in denen von ihm die Rede sei suppresso tamen nomine, — wie es in der Huttenschen conquestio ad Carolum imperatorem vom September in der That der Fall ist[1]) — endlich deutscher Reime und Prosa, die sich sofort als Huttensche Arbeit kund geben.

Der dritte Brief erzählt im Anfang von einer 5stündigen Conferenz mit dem Beichtvater über Luther und seine Irrthümer zum Zwecke, ihn für das „Examen" gut zu instruieren. Am Schlusse gedenkt er eines an den Kurfürsten von Sachsen entworfenen Schreibens, das Aleander zwar noch nicht gesehen hat und sich erst übersetzen lassen wird, das aber nach dem Urtheil des Lütticher Bischofs „sehr gut" sein soll. Da dieses Examen nicht wohl ein anderes sein kann, als das damals noch in Aussicht stehende mit Luther und das Schreiben nur dasjenige, in welchem der Kaiser dem Kurfürsten Friedrich erklärte, er möge Luther doch nicht mit an den Reichstag bringen, wofern er nicht zu widerrufen bereit sei[2]), so wird auch dieser Brief den beiden andern rasch gefolgt sein. Man könnte sogar vermuthen, dass er mit dem vorhergehenden nur einen ausmacht. Wenn nämlich, wie nach andern Stellen angenommen werden muss, das eingeklammerte (el Confessore) von Friedrich herrührt, so würde das Subject des ersten Satzes ohne den engen Anschluss an das vorige garnicht deutlich. Sodann will Aleander nach No. 5 (102) per una mia prima et secunda lettera von seiner Vorstellung wegen Erasmus geschrieben haben; das träfe nur zu, wenn 3 zu 2 mitgerechnet wird; denn dort heisst es S. 99: ancorchè qui Jo lo dissimulo[3]).

Zwischen 3 und 4 ist ein längerer Zwischenraum anzunehmen, aus dem keine Briefe vorliegen. Diess geht nicht bloss aus dem Datum des 4ten, (6. Febr.), und aus der hier zuerst vorkommenden Erwähnung der stridi ... in questa dieta, sondern auch aus dem Umstande hervor, dass von dem Inhalt jenes letzterwähnten Schreibens an Friedrich den Weisen, so wichtig und erwünscht für Rom er auch war, kein Bericht gegeben ist. Hinzukommt, dass von der angezogenen Mittheilung über „eine gewisse Verbindung in Schlettstadt", die alli di passati gemacht sein soll, in No. 3 nichts zu finden ist.

Die folgenden 3 Nummern, 4–6 sind datiert, vom 6ten, 12ten und 14ten Febr., ohne Anzeichen der Unrichtigkeit. Bemerkenswerth ist nur, dass die Ankündigung der kaiserlichen Aufforderung, die lutherische Sache im Reichstag zur Darstellung zu bringen, was am 13ten geschah, ganz unvermittelt ohne Erwähnung einer dahin gehenden Verhandlung auftritt (in No. 5 102 o.).

Brief 7 ist gleichfalls datiert und zwar vom 18ten. Die Richtigkeit dieses Datum könnte zweifelhaft erscheinen. Nach Waltz nämlich[4]) berichtet Fürstenberg an seinen

---

[1]) Es ist nicht ohne Wichtigkeit, die Mittheilung Huttens an Capito, der Mainzer Erzbischof habe von Rom Befehl erhalten, Hutten gefangen nach Rom zu schicken, (Böcking I, 367 No. 183), in Aleanders Briefe völlig bestätigt zu sehen (97); er nennt das die Veranlassung zu jener Beschwerde Huttens und vermuthet, dass die geheimen Lutheraner im Dienste des Erzbischofs ihm ohne Vorwissen desselben eine Abschrift verschafft haben.

[2]) Walch XV, 2027.

[3]) Wenn es (99) heisst: Buno sarebbe ... come ho scritto alli di passati, scrivere un breve a Cesar ..., wovon in 1 und 2 sich keine Erwähnung findet, so kann das immerhin auf eine vor No. 1 liegende Zeit bezogen werden. Auch was er über den Verdacht gegen Erasmus erklärt „bereits geschrieben zu haben" (99), findet sich in dem vorliegenden nicht.

[4]) Deutsche Forschungen VIII, 28.

heimischen Rath, dass die Stände auf die Aleandersche Rede Samstag, d. h. also den 16ten, Antwort zu geben versprochen hätten. Aleander dagegen in diesem Briefe berichtet: doman devono ¹) responder d. h. den 19ten. Ich halte es für unwahrscheinlich, dass Aleanders Brief No. 7 dem vorhergehenden nur um einen Tag später gefolgt sei, was er sein müsste, wenn die Antwort der Stände schon auf den 16ten versprochen wäre. Auch will für deutsche Bedächtigkeit und bei der allgemeinen Abneigung, Rom zu Willen zu sein, der Termin vom Mittwoch bis zum Sonnabend etwas kurz erscheinen. Entscheidend aber für die Richtigkeit der Datierung spricht der von Waltz übersehene Umstand, dass derselbe Fürstenberg in einem späteren Briefe vom 20. Febr. meldet, man habe „am vergangenen freytag, auch montag und dinstag" d. h. also am 15, 18 und 19ten Febr., „über den Martinus Luther radt gehalten". Da er nun keines Aufschubs des von ihm selbst in seinem Briefe vom 14ten Febr. angegebenen Termines gedenkt, so wird es wahrscheinlich, dass dort sampstag für dinstag verschrieben oder verlesen ist. ²)

Zwischen No. 7 und 8/9 liegt wieder eine Lücke. Während in No. 7 der Kaiser noch constante genannt wird, beruft sich Aleander hier gleich, im Anfang auf einen Bericht alli di passati, dass trotz seiner Gegenvorstellungen gegen die Behandlung der Lutherschen Sache auf dem Reichstage der Kaiser nun doch durch seinen geheimen Rath für die Vorlegung derselben entschieden sei (105).

No. 8/9 ist datiert und zwar vom 27sten Febr., No. 10 vom letzten Febr. (ultima Februar.), was durch Münter (62) als richtig bestätigt wird. Wenn nun aber No. 11 — und zwar gleichfalls in Uebereinstimmung mit Münter (80 u.) — auch noch „Februar" datiert ist, so muss er entweder in die Mitte oder den Anfang desselben Monats zurückverlegt werden, da doch hinter dem letzten Februar kein Platz mehr ist oder er hängt mit No. 10, der in der That keine Verabschiedungsformel hat, die freilich in mehreren fehlt, unmittelbar zusammen oder er gehört schon dem März an. Das erstere wird aber unmöglich, da in dem Briefe (114 o.) die offenbarsten Beziehungen auf die in den vorhergehenden erzählten Verhandlungen vorkommen. Das zweite wird unwahrscheinlich durch die ganz unverhältnissmässige Länge, die dann der Bericht erhalten würde. Die dritte Annahme empfiehlt sich zunächst durch die Leichtigkeit eines Irrthums grade bei dem ungewöhnlich kurzen Monat Februar, sodann auch durch die Erwähnung (116 u.) zweier deutscher „grade am heutigen Tage" erschienener Bücher Luthers, und eines dritten unter falschem Namen gegen den Papst, wo er ihn leno nennt statt Leo. Die eine der beiden deutschen Schriften wird die deutsche Ausgabe von „Grund und Ursach aller Artikel u. s. w." sein, die nach Köstlin (I, 407) am 1sten März erschienen ist; die zweite vielleicht der „Unterricht für die Beichtkinder", der freilich nach Köstlin schon in die erste Hälfte des Febr. gehört. Die dritte „pseudonyme" wird wohl Luther mit Unrecht zugeschrieben sein.

---

¹) S. o. S. 10.
²) Des am Schlusse von Aleander erwähnten Schreibens von Eck, das er „gestern" empfangen hat, konnte ich nicht habhaft werden. Vom 18ten Febr. datiert ist Ecks Mahnung ad Carolum V de Ludderi causa. Ranke I, 376 (3. Aug.)

No. 12 und 13 sind undatiert. 13, wo Aleander erklärt, mehr als 3 Monate in Worms zugebracht zu haben, muss gegen den 10ten März. No. 12 wird also um den 5ten bis 6ten fallen.

No. 15, bei Friedrich mit „(März)" bezeichnet, erwähnt des kaiserlichen Geleitsbriefes an Luther[1]), den er questa mane gesehen hat, unterzeichnet von der Hand des Kaisers. Der Brief des Duca Saxone, (des sächsischen Kurfürsten nach gewöhnlicher Bezeichnung Aleanders), wird erwartet; „morgen" oder spätestens „Sonntag" wird der Herold (corrier) abgehen; das deutsche Mandat, Luthers Bücher zu fassen und abzuliefern, wird „nächsten Montag" aus der Druckerei kommen. Danach wird der Brief, obwohl ein andrer Tag nicht nothwendig ausgeschlossen wäre, an einem Freitag geschrieben sein, und zwar weisst alles auf Freitag den 15ten März. Der kaiserliche Geleitsbrief ist vom 6ten März datiert; wäre der „Courrier" schon am ersten Sonntag danach, d. h. den 10ten März abgegangen, so würde er, da er am 24sten oder 26sten in Wittenberg angekommen ist[2]), 15—17 Tage auf die Reise verwandt haben, was bei ca. 50—60 M. Entfernung doch wohl zu reichlich bemessen wäre[3]); auch würde er dann vor der Ausfertigung des kurfürstlichen Geleitschreibens für Luther (den 11ten) wie für den Herold[4]) (den 12ten) abgegangen sein. Das dann für diesen Brief No. 15 anzusetzende Datum, der 8te März, würde auch zu den ziemlich sicheren des 12ten und des 13ten nicht stimmen. Wenn dagegen Aleander am 15ten die kurfürstlichen Sicherheitsbriefe noch als erwartete bezeichnet, so ist damit nur seine Kenntniss derselben, nicht ihre Ausfertigung verneint. Das Mandat endlich ist „gegeben am 10ten"[5]), konnte also auch nicht wohl schon am 11ten aus der Druckerei kommen. Eine spätere Ansetzung dagegen, etwa gar auf den 22sten, würde für die beiden Reisen, hin und her, eine zu kurze Frist übrig lassen.

Das so gewonnene Datum des 15ten März für No. 15 führt uns sofort zu einer Berichtigung des von No. 16, die freilich nicht völlig zweifellos ist. Nach Friedrich ist dieser Bericht vom 29sten März, dem stillen Freitag des Jahres und damit stimmt die Bemerkung Aleanders, er habe gestern und heute sich ein wenig mit Gott und dem Gewissen beschäftigt und alle Fürsten pflegten der Seele (curant animam), durchaus.. Sodann wird das Mandat als publicato bezeichnet, womit das Anschlagen und Ausrufen desselben am 26 und 27sten März[6]) gemeint zu sein scheint. Beide Bedenken sind indess nicht zwingend. Auch auf den Mittwoch nach Judica (20sten März), als einen Fasttag in der Fastenzeit, selbst auf den Dienstag und seine Messe Exspecta dominum darf wohl der Ausdruck Aleanders bezogen werden, der ja in der That von einem Nuntius und so eifrigen Katholiken für einen Charfreitag kaum entsprechend erscheinen müsste. Das

---
[1]) Die erste Erwähnung desselben, die Münter (p. 92) bespricht, auf die sich Aleander selbst in Br. 10 bezieht, (et li danno li honorabili titoli ut alias scripsi) findet sich bei Friedrich nicht. Ob eine Stelle oder ein Brief ausgefallen ist, lässt sich nicht ersehen.
[2]) Walch XV, 2123. Köstlin I, 795 zu 438,2.
[3]) Wenn Luther muthmasslich volle 14 Tage zu derselben Reise gebraucht hat, so erklärt dies sich aus seiner Krankheit, den verschiedenen feierlichen Empfängen und seinen Predigten in Erfurt, Gotha und Eisenach.
[4]) Förstemann 64.
[5]) Förstemann 62.
[6]) Förstemann No. 18, 61.

publicare sodann bezeichnet nicht nothwendig eine amtliche Bekanntmachung: nach Br. 7 (104) wird es entschieden nur von dem Bekanntwerden einer Schrift gebraucht. Da wir nun von Spalatin wissen, dass zwischen dem Druck dieses Erlasses und der Bekanntmachung eine geraume Zeit vergieng (excussum; ... dubium quando edetur Förstemann 61), so ist die Beziehung des publicare hier auf das Bekanntwerden durch den Druck um so berechtigter, je weniger es denkbar erscheint, ein amtlich angeschlagenes und ausgerufenes Edict für untergeschoben zu erklären, wie es hier geschah (123 o.). Mit der amtlichen Publication musste doch wohl auch die expeditione als unmittelbare Folge verbunden sein und ist z. B. von Markgraf Casimir in sein Land in der That gleich am 28sten März geschehen (Waltz 33, Anm. 4). Expediert war aber das Mandat selbst zur Zeit von Brief 17 noch nicht (124).[1]) Andrerseits ist es wenig wahrscheinlich, dass zwischen Brief 16 und Brief 19, das wäre also zwischen dem 29sten März und dem — nicht zu bezweifelnden — 5ten April zwei so lange Berichte mitten inne liegen sollten, wie 17 und 18 es sind, von denen keiner etwas dringliches enthält. Endlich ist es durchaus unwahrscheinlich, dass Aleander mit der Absendung des „wörtlich übersetzten und authentischen kaiserlichen Mandats", das den Brief No. 16 begleitet, wie an der Spitze desselben sofort als wichtigstes ausgesprochen wird, länger gezögert haben sollte, als unbedingt nothwendig, d. h. bis es gedruckt war. Dagegen erhalten wir, wenn wir aus der Zahl 29 die Zahl 19 oder 20 machen, von diesem Tage bis zum 5ten April eine für zwei Briefe, 17 und 18, recht passende Zwischenzeit, in welcher der 17te kurz vor dem 26. März, der 18te[2]) etwa den 31sten anzusetzen wäre.

Alle drei so gewonnenen Datierungen stimmen auf's erwünschteste mit den Erwähnungen verschiedener Briefe von Hutten im 19ten Bericht Aleanders. Der nachweisbar früheste, an den Erzbischof von Mainz, vom 25sten März[3]), konnte durch Vermittlung Mainzer Freunde oder des Erzbischofs selbst wohl kaum viel vor Anfang April in Worms bekannt sein. Der „bestialische" an den Kaiser ist vom 27sten, wird von Aleander aber zuerst erwähnt und ihm wohl auch eher bekannt geworden sein. Der dritte an die in Worms versammelten Geistlichen und der vierte an Aleander selbst sind gleichfalls noch aus dem März.

Dass zwischen dem 19ten und 20sten ein Bericht fehlt, erhellt aus dem letzteren (mormorano, ut alias scripsi, di convertir le annate in salario delli Conseglij di Germania) und aus Münter (84), der ausdrücklich erzählt, Aleander habe die Bitte um 100 fl. für Spiegel kurze Zeit darauf wiederholt und dann die Stelle von den Annaten anreiht.

Das Datum des 20sten Berichtes, welcher wegen der in ihm enthaltenen Wiederholungen (s. u.) wenn er nicht aus zwei selbstständigen bestanden hat, mindestens zu verschiedenen Zeiten geschrieben sein muss, ist erweislich nicht der 13te, sondern der 15te. Denn zunächst ist er geschrieben als Luther innerhalb „zweier Tage" erwartet und

---

[1]) Wenn Münter diesen Brief oder die in demselben erzählte merkwürdige Unterredung „kurz" vor dem Tod Chièvres, Mai 18, verlegt, so ist das in Uebereinstimmung mit der ungefähren Art und Weise, in der auch von ihm die Zeitverhältnisse behandelt werden.
[2]) Die Datierung der Pariser Censur, über welche Aleander hier Auskunft giebt, bei Köstlin I, 482, auch Pallavicini, kann unter keinen Umständen richtig sein; vielleicht ist April für März verschrieben.
[3]) Vgl. Böcking Hutteni opera II.

alles auf seine Ankunft vorgekehrt wurde; der 13te würde aber nach römischer Rechnung 4 Tage vor dem 16ten liegen. Sodann fiel der 13te auf einen Sonnabend; Aleander würde also nie geschrieben haben (135 u.) ci mandarono sabato il Confessor, sondern oggi oder wenn es am letzten Sonnabend gewesen wäre sabato passato[1]). Endlich schliesst Aleander den Brief raptim ... hora quarta noctis und No. 21, der Bericht von Luthers nunmehr erfolgter Ankunft, also zweifellos vom 16ten Ap., fährt im engsten Anschluss an den eben „versiegelten" fort: Gia haveva serrato l'altra lettera, quando ... mi fu detto che 'l grande heresiarca faceva le sue entrate. Zwischen dem Ende von No. 20 „hora quarta noctis" und dem Anfang von No. 21 liegen grade 12 Stunden; um 10 U. Morgens traf Luther ein.

Die letzten 6 sind sämmtlich ohne Zeitangabe. No. 24 ist kurz vor dem 18ten Mai, dem Todestage Chièvres, geschrieben; derselbe gedenkt nämlich eines an den Reichstag gelangten Schreibens Franz L vom 11ten Mai und am Schlusse des bedenklichen Zustandes, in dem sich Chièvres befindet. Danach muss der 23ste, von dem sich 24 gleich im Anfang als eine Fortsetzung kund giebt (continuando a quel che scrissi alli 15) am 15ten Mai geschrieben sein. Diess stimmt durchaus zu der in demselben enthaltenen Erwähnung des „heiligen Bundes", der bekanntlich am 8ten Mai zu Stande kam und am 15ten füglich in Worms bekannt sein konnte: auch im December 1520 hat Aleander einen Brief des Staatssecretärs vom 3ten am 11ten erhalten. No. 22 fällt jedenfalls nach Luthers Abreise, d. h. nach dem 26sten Apr., und vor der Nachricht von Luthers Verschwinden, das Aleander nach Münter (100 u.) sofort richtig deutete. Er folgt einem nicht vorliegenden, sehr ausführlichen, von Aleander und Caracciolo gemeinsam unterzeichneten Schreiben, in dem die genauere Berichterstattung über den 17ten und 18ten April und die nächsten Tage zu vermuthen sein wird. Hinter No. 22 wird der Brief ausgefallen sein, in dem nach Münter von Luthers Beseitigung durch den sächsischen Fuchs und nach Pallavicini von der heuchlerischen Haltung dieses Kurfürsten die Rede gewesen ist. Der 25ste ist bereits in Löwen geschrieben, „9 Tage" nach seiner Ankunft daselbst, die nach Ausfertigung des Wormser Edicts (Mai 26) erfolgt sein wird. Der 26ste ist unbestimmbar, da der im Anfang von No. 27 erwähnte „andre Brief" nicht nothwendig No. 26 sein muss. Wäre er es, so würde er erst vom 2. August sein. Denn diesem Monat muss derselbe angehören: Aleander bezieht sich hier auf eine Weisung des Staatssecretärs, „diesen Freund" (Erasmus) durch gütliche Mittel auf den rechten Weg zu bringen. Nach Münter (59) ist eine solche Weisung an Aleander unter dem 20sten Aug. gelangt.

Nach dieser Musterung und einer gelegentlichen ganz vereinzelten Angabe Pallavicinis, der nämlich die Mittheilung Aleanders über Luthers Verbergung durch den Kurfürsten Friedrich in seinen 31sten Brief verlegt, wird es möglich das gewonnene Ergebniss noch näher zu prüfen und die Gesammtzahl der Aleandrischen Berichte, wie sie Pallavicini vorlagen, annähernd zu bestimmen. Wenn nämlich No. 2 und 3 vielleicht, 8 und 9 jedenfalls nur einen bilden, No. 20 dagegen aus zweien besteht, No. 14 als un-

---

[1]) Wenn Aleander nachher Dominica sagt, wo man hieri erwarten sollte, so erklärt das sich wohl aus dem vorhergehenden sabato.

gleichartig auszuscheiden ist, wenn ferner der Ausfall von 6 Briefen aus Citaten in andern zu erweisen, von 2—3 für die Zeit von Mitte December bis zum 6ten Febr. zu vermuthen ist, so erhalten wir bis zum 16ten April $19 + 6 + 3 = 28$ Briefe. Der 29ste ist der lange, nicht vorliegende Bericht über Luthers Verhör, der 30ste ist gleich No. 22 bei Friedrich, der 31ste also der auch nach Münters Darstellung ausgefallene mit der Mittheilung über den Ausgang von Luthers Reise, welcher um den 10ten Mai in Worms bekannt worden sein muss.[1]) Dann folgen noch mindestens 5. Die nachweisbare Summe ist also 37 oder 38, von denen uns 25 oder 26 in dem Friedrichschen Abdruck vorliegen.

Die in diesen Briefen zerstreuten Mittheilungen Aleanders, zu einem fortlaufenden Berichte zusammengefasst, ergeben über den Gang und Erfolg seiner Wirksamkeit in Deutschland das folgende Bild.

In Löwen hat er vermöge des äussersten Aufwandes an „Eifer und Schlauheit" drei Tage nach seiner Ankunft vom Kaiser ein Mandat gegen die Schriften Luthers und aller anderen literarischen Gegner des Papstes und des heiligen Stuhles für alle seine Herrschaften, Länder und Reiche erlangt, welches er mit solcher Energie zur Ausführung brachte, dass der Kaiser und seine Räthe eher das Feuer der Bücher sahen, als sie glaubten, das Mandat bewilligt zu haben. Wie in Löwen so in Köln war die Execution geschehen, ehe sichs einer versah und der Kaiser äusserte gegen den Lütticher Bischof, Aleander ginge mit vieler Kraft zu Werke, aber so gehöre es sich. Aehnlich in Trier. In Mainz war bis zum 28sten (Nov.[2]) wegen der Kürze des kaiserlichen Aufenthalts daselbst, wegen der geschäftlichen Abhaltungen des Cardinals — Erzbischofs Albrecht —, wegen der ruchlosen Verkehrtheit (perversità) der mit der katholischen Sache beauftragten Diener (ministri) und wegen der Bosheit der von Alters her schlecht gesinnten Stadt nur eine ungenügende Ausführung des kaiserlichen Mandats geschehen.[3]) Am selben Abend jedoch, nachdem Aleander eben nach Rom berichtet hatte, erklärte der Erzbischof ihm seinen Verdruss darüber und am 29sten (richtiger 27sten) liess derselbe, obwohl fast die ganze Nacht von abrathenden Edelleuten überlaufen, bei Trommelschlag die Verdammung der betreffenden Bücher verkünden und das Volk zur öffentlichen Verbrennung einladen, die dann auch vollzogen ward.

---

[1]) Die Aufhebung Luthers bei Altenstein geschah am 4ten Mai.

[2]) Die Richtigkeit dieses Datums und des davon abhängigen folgenden ist fraglich. Unter dem 28sten Nov. — und diese Datierung bei Böcking, überdies im selben Briefe zweimal wiederholt, scheint keinen Zweifel zu gestatten — berichtet Hutten, „Luther hat in Mainz gebrannt". Das müsste also nicht am 29sten, wie im Aleanderschen Briefe berichtet wird, sondern mindestens am 27sten geschehen sein, wenn es am 28sten auf der Ebernburg bekannt sein sollte.

[3]) Nach dem Bericht des Beatus Rhenanus ad Bonifacium Amerlachium vom 7ten Jan. 1521 (Böcking Hutteni opera I, 429) kam es am ersten Tage (priori die) zu nichts. Dann als der Henker auf dem Scheiterhaufen stehend fragte, ob der Verfasser der zu verbrennenden Bücher rechtmässig verurtheilt wäre, antwortete die ganze Volksmenge, er wäre noch nicht verurtheilt. Darauf sprang der Henker herab und erklärte, er werde nur das verbrennen, was nach den Gesetzen verdammt wäre. Alles lachte und schimpfte; fast wäre Aleander gesteinigt worden. Am folgenden Tage aber brachte er es doch durch Drohungen beim Erzbischof und den Domherren dahin, dass einige Bücher durch einen Todtenträger (vespillonem seu cadavararium) verbrannt wurden. Nachts ward vor seiner Herberge und vielen andern Orten ein giftiges Schmähgedicht angeheftet. (Wohl der brutto scherzo, von dem Aleander berichtet.)

Am 30sten Nov. begab sich Aleander nach Worms mit Hinterlassung eines Befehls an den Provincial des Predigerordens, in seiner ganzen Provinz gegen Luther predigen und die Verdammung seiner Schriften bekannt machen zu lassen. Gleiche Befehle ergiengen an die Klöster und Pfarrherrn der Diöcese Mainz für den folgenden Sonntag.

In Worms findet er zur Stunde, wo er schreibt, den Himmel etwas umwölkt, er weiss nicht warum, und den glücklichen Lauf seiner Fahrt gehemmt.

Dann als er ein Mandat mit der Androhung der kaiserlichen Acht (sub penis banni imperialis, sic loquunter isti) für das ganze Reich und das gesammte Deutschland verlangte, erklärten „diese" (d. h. die kaiserlichen Räthe) ihm, das liesse sich gegen einen Deutschen unverhörter Sache ohne grossen Scandal nicht machen. Es wäre gut, ihn zu hören und ihn auf den Reichstag kommen zu lassen, wenn auch nur, um zu widerrufen. Sie fügten hinzu, schon an den Herzog Friedrich geschrieben zu haben, er möge ihn mit auf den Reichstag bringen und meinten damit etwas gutes gethan zu haben.[1]) Einige hatten die Meinung, es wäre gut, ihm die Widerrufung des von den allgemeinen Concilien und den Kaisern Verdammten aufzulegen, so dass es scheint, fügt Aleander empört hinzu, sie wollen weder von dem gegenwärtigen Papste noch von den frühern irgend welche Erwähnung thun und den Punkt von der päpstlichen Gewalt unerörtert lassen. „O der Büberei!" Er hat ihnen geantwortet, von Verurtheilung unverhörter Sache sei keine Rede, Luther sei durch seine Schriften genügend gerichtet, über Ketzer entscheide der Papst und habe er früher viele Male entschieden; die weltlichen Fürsten hätten auf Anforderung des Papstes (quando sono rechiesti) diese Entscheidungen auszuführen.

„Endlich gestern Abend" — also um den 13ten oder 14ten Dec. — ist Aleander dem König vorgestellt und hat eine Unterredung unter vier Augen mit Chièvres gehabt. Der hat ihn mit grosser Aufmerksamkeit (intentione) und Befriedigung angehört und erklärt, alles werde zur Ehre des Papstes und der Kirche geschehen und es zeigte sich, dass der Kaiser ein wahrhaft katholischer Fürst war.

Am Tage der Absendung des Briefes ward Aleander zur Frühsitzung (conseglio della mattina sub ortum solis) des kaiserlichen Rathes zugelassen, der unter dem Vorsitz des Erzbischofs Matthias Lang von Salzburg[2]), aus dem Lütticher Bischof als Reichsfürsten, dem Triestiner als königlichem Rath und vielen anderen weltlichen Fürsten bestand. In Folge trauriger Nothwendigkeit mit den Schriften „jenes Basilisken" so vertraut, dass er sie beinah auswendig wusste, hielt nun der päpstliche Legat eine Rede über die ungeheuerlichsten und rohesten Ketzereien (delli piu enormi e rozzi), die ihm gefährlich für den katholischen Glauben und missfällig den Hörenden schienen. Darauf führte er aus dem neuen Testament, auf das jener sich am meisten zu stützen erkläre, aus den Concilien und alten Kirchenlehrern, griechischen wie lateinischen, diejenigen Gründe an, die

---

[1]) Am 28sten Nov. von Oppenheim aus hatte Karl an den Kurfürsten geschrieben, er wolle auf seinen Wunsch, Luther nicht angehört zu verdammen, eingehen, Friedrich möge ihn mitbringen, er wolle ihn von gelehrten und sachverständigen Personen genugsamlich verhören lassen. Walch XV, 2021.

[2]) Aleander nennt ihn Gurcensis, Pallavicini Gurgense, wohl nach seiner Herkunft. — Gemeint ist übrigens der sonst von Aleander „der deutsche" genannte Rath, wie der Gegensatz el secreto zeigt.

gegen ihn sprächen und als er die Fürsten wohl unterrichtet und der Sache geneigt sah, verlangte er die Ausfertigung des Mandats und andere geeignete Mittel. Indess wurden die Fürsten zum Kaiser beschieden einer andern Sache wegen; beschlossen wurde, den Erzkanzler von Deutschland abzuwarten.

Mittlerweile trat Aleander in den geheimen Rath des Königs und besprach sich mit dem Grosskanzler (Gattinara), der sich noch in dem Wahn befand, es sei gut, Luther kommen zu lassen. Aleander antwortete: wenn er nicht widerriefe — und das werde er bei seinem Ehrgeiz und Hochmuth in Ewigkeit nicht thun — und er dann wegen des sichern Geleits nicht bestraft werden könne, so würden alle die gottlose Lehre für bewährt erachten und der Umsturz aller Ordnung (confusion del mondo) die Folge sein. Der Kanzler versprach, es solle Ordnung geschafft werden. Auch aus den Gesprächen an der Mittagstafel beim Lütticher Bischof, wo Chièvres, Herzog Friedrich von der Pfalz und viele andere hohe Herrn waren, hatte Aleander den Eindruck, es werde doch noch alles gut gehn.

In der That nahm der Kaiser, dem zu Gefallen Leo X so eben seine Beschlüsse über die Handhabung der Inquisition in Spanien aufgehoben hatte, da er „jetzo glaublichen bericht" sei, dass „derselbe Luther in des Papstes höchsten Bann gefallen", seine Zusage, ihn vernehmen zu wollen, am 17ten Dec. zurück[1]). Von diesem Schreiben an den sächsischen Kurfürsten wusste sich Aleander durch „einen der Seinen" eine Abschrift zu verschaffen und erklärt am Schlusse seines dritten Berichtes, in dessen Beginn er noch eine Vorladung Luthers in Aussicht nimmt, wenn dasselbe nach seinem Sinn sei, seine Absendung durch einen kaiserlichen Courrier sofort erwirken zu wollen. Das in Aussicht gestellte Urtheil selbst liegt nicht vor.

Erst mehr als einen vollen Monat nach diesem ersten von Aleander erreichten Erfolge geschah die wirkliche Eröffnung des Reichstags am 28sten Jan.[2]) Der erste Brief, (No. 4) der aus dieser Zeit erhalten ist, giebt den starken Eindruck, den die Ausbrüche der Unzufriedenheit und Empörung über die römische Tyrannei (questi tumulti di Germania und li stridi che fanno in Dieta) auf Aleander gemacht haben, recht lebhaft wieder. Er bezeichnet es seinem Hofe als „nothwendig", eine allgemeine Aufhebung aller gegen die Concordate gemachten Reserven auszusprechen und in Zukunft derartige Eingriffe zu meiden. Noch am 12ten, wo er übrigens ausser den Bullen gegen Luther[3]) und einigen Breven eine Anweisung über 400 Ducaten auf Augsburg erhalten hat, scheint ihm die Gegenpartei in ihrer Vereinigung auf dem Reichstage viel gewaltiger als bisher und nahezu unbesieglich (quasi invincibile).

Nicht lange nach seiner Eröffnung, nach Fürstenberg (14ten Febr.) gleich in der ersten allgemeinen Versammlung während seiner Anwesenheit, begann der Reichstag sich mit der religiösen Frage zu beschäftigen. „Diesen Morgen", schreibt Aleander am 12ten Febr., „hat der

---

[1]) Walch XV, 2027. Waltz D. F. VIII, 26. Luther selbst schreibt diess (De Wette I, 534 ff.) der Einwirkung der Papisten zu.
[2]) Nach Ranke; nach den Reichstagsacten (I fol. 2. vgl. Steitz Luthers-Herbergen 59) am 29sten Jan., einem Montag, wohl dem ersten eigentlichen Geschäftstage.
[3]) Muss die vom 3ten Jan. gewesen sein.

Kaiser mit eignem Munde mich beauftragt, am folgenden Tage vor Sr. Majestät, den Kurfürsten und allen andern Fürsten und Städten (popoli) die Sache Luthers zu besprechen und die römischen Forderungen zu stellen" (a orar la causa di Martino et demandar lo che volemo). Zugleich ermunterten der Kaiser und Chièvres Caracciolo und dann auch Aleander, er solle sich in keiner Weise scheuen alles herauszusagen, was der Sache dienen könne. So hat er denn [1]) auch mit Gottes Hülfe unerschrocken gethan trotz vorangegangener Drohungen und trotz der bösen Gesichter, welche die lutherischen Fürsten ihm machten und hat am 13ten Febr. Nachmittags 3 Stunden lang vor dicht besetzter Reichsversammlung, allen Kurfürsten ausser dem sächsischen, den übrigen geistlichen und weltlichen Ständen und allen kaiserlichen Räthen geredet, sich selbst zwar nicht zur Genüge, nach mehrerer Urtheil jedoch treffend, angemessen und glücklich, Dank seiner Vertrautheit mit dem verwünschten Gegenstande, Dank der göttlichen Gnade, der Gerechtigkeit der Sache und der Unerhörtheit der Lutherschen Irrlehren. Ueber den Inhalt seiner Rede berichtet er kurz so. Aus den zur Stelle befindlichen Schriften Luthers führte er die „grausamen Ungeheuerlichkeiten" Luthers einzeln an und widerlegte sie dann. Darauf wies er die Unzuträglichkeiten nach, die daraus entstehen könnten, die Schmach und Schande der deutschen Nation; auch erinnerte er daran, dass die Herrschaft durch diejenigen Mittel bewahrt werde, durch welche sie erworben sei. Sie möchten bedenken, dass Karl der Grosse und die Ottonen das Kaiserthum von Deutschland und das Kurfürstenthum vom heiligen Stuhle nur durch Ergebenheit gegen denselben (per favorir alla Sede Ap..) erworben hätten. Endlich sprach er von dem Constanzer Concil und den Böhmen und vielen andern Dingen, „die zu wiederholen zu lang sein würde". Den Kurfürsten von Sachsen, der seine Abwesenheit mit vorgeschützter Krankheit habe entschuldigen lassen, gehässig angegriffen zu haben, wie man ihm Schuld gebe, läugnet er; gesteht aber zu, dass er ihn, wenn er gegenwärtig gewesen wäre, mit allem Anstand etwas „gebissen" haben würde; denn es sei doch keine Hoffnung mehr, den noch mit guten Worten umzuwandeln.

Es ist nun für die Beurtheilung Aleanders von Bedeutung, den sächsischen Bericht seiner Angabe zur Seite zu stellen, zumal da er nach Aleanders eignem Zeugniss

---

[1]) Eröffnet wurde die Sitzung — nicht bloss hier zeigt sich Aleanders Berichterstattung flüchtig und unvollständig — mit der Verlesung des päpstlichen Breve an den Kaiser vom 18ten Jan., in welchem auf Grundlage des päpstlichen Urtheils über Luther vom Kaiser, dem schon bewährten Vertheidiger der Kirche, ein allgemeines Edict gegen die Ketzerei gefordert wird (Förstemann N. U. No. 1, S. 27 ff.). Aleanders Rede ist also nichts als eine ausführlichere Begründung der päpstlichen Forderung, die „Requisition" der weltlichen Macht des Reiches zur Ausführung des vom Papst berufungslos gefällten Urtheils, das der Kaiser kraft seiner Pflicht und seines Rechts als Schirmherr der Kirche auch im Reiche über die Köpfe der Fürsten hinweg schlechterdings zu vollstrecken hat. Erst am 10ten (Aleanders Br. 5 S. 101) war das päpstliche Breve eingetroffen, drei Tage später legte der Kaiser es vor. Somit fassen Münter wie Friedrich diese Rede, der eine als ein „Glück", der andere als „den Ausschlag gebenden Erfolg" ganz mit Unrecht auf. Waltz, dessen Ausdruck: „Aleander liess sich herbei, von dem Kaiser und den Ständen das Edict zu erbitten", den wirklichen Sachverhalt verschiebt, Ranke, der weder der Aleandrischen Rede erwähnt noch das Datum giebt, haben die Briefe Aleanders selbst nicht gesehen. Pallavicini stellt die Rede als vom Kaiser veranlasst ganz richtig dar. Aleander bedauert noch am 27ten Febr. che ... si fosse proposto, was mit Vorlegung des Breve und seiner „dieffen Ermannung widder den luther" (Fürstenberg) geschehen war.

an Ort und Stelle in unmittelbarem Anschluss an die absichtlich rasche Rede aufgenommen ist und unzweifelhaft den Hauptinhalt mit voller Treue wiedergiebt ¹).

Danach wird nun Luther vor allem als der Empörer gegen alles Recht und alle kaiserlichen Gesetze und Obrigkeit bezeichnet. Der Papst seines Amtes eingedenk hat das räudige Schaf ausgeschieden. Der Kaiser, so erwartet der Papst, wird nach dem Beispiele seiner Vorfahren, Philipps und Karls von Burgund nunmehr seines Amts als Vogt und Schutzherr der Kirche warten. Alle Milde des heiligen Vaters ist bisher vergeblich gewesen. Dass die veröffentlichten Bullen unecht seien, ist eine Lüge; die Originale sind für jedermanns Ansicht zur Hand. Die Irrthümer Luthers sind allein werth, dass man hundert tausend Ketzer darum verbrenne. Er erklärt alle in Constanz verdammten Artikel Hussens für christlich. Er billigt die 14 Artikel Wicleffs, verwirft also auch die reale Gegenwart des Leibes Gottes im Abendmahl, läugnet die Macht des Papstes zu binden und zu lösen, das Fegefeuer und die Anerkennung des Papstes als Haupt der Kirche bei den Griechen, die doch durch eine Bulle des florentinischen Concils bezeugt ist: „gemeyne graecia hat den babst alweghe vor den obersten erkannt und gehalten". Diese Bulle ward mit „Gepränge" herum gegeben. Luther vermisst sich, selbst den Engeln vom Himmel nicht zu folgen. Er macht alle Christen zu Priestern, „welch eyne vercleynerung des priesterlichen Standes"! Er verwirft die Mönchs-Gelübde, verachtet alle Ceremonien wie die Heiligen Gottes, hat in einer Epistel gerathen, man solle die Hände in der Pfaffen Blut waschen ²); versündigt sich auch gegen alle weltliche Gerichtsbarkeit durch Verwerfung der Todesstrafe und gegen die heiligen Concilien. Zum Beweise entnimmt er der heiligen Schrift Stellen, deren Sinn er verdreht. Seinen Lebenswandel, auf den man sich berufe, wolle er nicht schelten, aber die Ketzer seien immer Heuchler und wolle Luther handeln wie es einem frommen Manne zieme, so müsse er nicht klüger sein wollen, als die Mutter der Christenheit. Der Ketzer Bücher zu verbrennen, ist seit Arkadius, Theodosius und Valentius in Gebrauch. Ihn noch zu hören, weil es sonst einen Aufstand gäbe, sei bei einem solchen Menschen unnütz, der sich auch von einem Engel nicht weisen lassen wolle, der Papst und Concil verwerfe. Auch sei nicht abzusehn, wer ihn dann noch hören und richten solle? Dass kaiserlicher Majestät nicht zustehe, in Glaubenssachen zu richten, wisse sie selbst. Setze der Papst eine Commission von Prälaten dazu ein und der Spruch gefiele Luther nicht, so werde er wieder appelliren wollen und das Volk aufreizen ärger als zuvor. Darum müssten fördersamst Kaiser und Reich die Verbrennung seiner Bücher anordnen und das Erscheinen neuer ähnlicher verbieten.

Der Vergleich beider Berichte und die Darlegung der Lutherschen „Ungeheuerlichkeiten" sprechen für sich selbst.

Um dieselbe Zeit, nach Aleander etwa seit dem 12. Febr., hatte Friedrich der Weise durch seinen Kanzler (Brück) Unterhandlungen mit Glapio versuchen lassen, dessen

---

¹) Bekanntlich hat Pallavicini von der Aleanderschen Rede eine historische Nachdichtung gegeben, die mit wahrhaft bemerkenswerther Naivetät über den Ultramontanismus ebensoviel Wahrheit vorbringt als Dichtung über die Rede des Aschermittwoch.

²) Derselbe Aleander sagt demselben Luther (S. 94 ob.) ganz richtig nach: ... ha detto che nè heretici nè altri si debbono abrusciar.

reformatorische Gesinnungen man, glaube ich, mit Unrecht zu verdächtigen pflegt. Obwohl Aleander (am 18ten Febr.) sich über den Empfang einer schmeichelhaften Aeusserung des päpstlichen Briefes in Bezug auf den Beichtvater äusserst erfreut ausspricht, findet sich doch von Besorgniss über den Ausgang keine Spur. 7—8 Tage lang, täglich 3—4 Stunden wurde verhandelt, aber „vergeblich mühte man sich ab". Gewaltig arbeiteten die Reichs-Fürsten gegen die römische Sache (la cosa nostra è in gran travaglio per questi Principi dell Jmperio). Aber der Kaiser gab guten Muth und Alcander sieht der Antwort der Stände, die am folgenden Tage [1]) erfolgen soll mit einiger Zuversicht entgegen.

Plötzlich aber — wir ersehen aus Aleanders Berichten, so weit sie vorliegen, nicht, wie? (Br. 8) — ist der Wind umgeschlagen. Dank der thörigen offenbaren Gunst, die alle Fürsten Luther widmen und den tollen und abscheulichen Ueberzeugungen, die der Teufel dem ganzen Deutschland in den Kopf gesetzt hat, hat sich der Kaiser nun doch nach der Meinung seiner Geheimräthe, die Gott und der Welt zugleich gefallen wollen, für die Verhandlung von Luthers Sache im Reichstage entschieden[2]) Der Vorwand ist, der Brand sei besser und friedlicher zu ersticken, wenn die Edicte mit Beirath und Uebereinstimmung der Fürsten zu Stande kämen. Aleander hat auf den gefährlichen Fall aufmerksam gemacht, dass die Fürsten anderer Meinung wären als der Kaiser, dem dann die Hände gebunden seien. Es wäre viel sicherer, wenn der Kaiser, wie er könne und müsse, den Spruch des Papstes in Glaubenssachen im Reiche ebenso in Ausführung brächte, wie er es in seinen Landen Burgund und Flandern bereits gethan hätte; eine Meinung, in der ihm beinah der ganze Rath von Deutschland[3]) beipflichtete. Dem widersprach der Kanzler: der Kaiser werde sich doch nicht die Hände binden. Da Aleanders Antrag im Namen des Papstes geschehen sei, (fatte la mia propositione nomine Pontificis), so werde S. M. erklären, er habe mit reiflichem Rathe seiner Nationen das Decret gegen Luther und seine Bücher verordnet und ergehen lassen und wolle dasselbe unbedingt in seinen Königreichen und Erblanden wie auch in dem Reiche zur Ausführung gebracht sehen, selbst wenn Rath und Beistimmung der Fürsten ihm entstehen sollten.[4]) Und wenn dieselben auch dagegen schreien würden, erklärte der Kanzler, werde S. M. dennoch die Sache verfolgen. Das war aber — bis zum 27sten Febr. — nicht geschehen. Obwohl der Kaiser noch am selben Tage wo Aleander seinen Vortrag hielt (proposi wie in Br. 6 S. 10]: Cesar mi haveva commesso che io proponesse) seine

---

[1]) D. h. also den 19ten (s. ob. S. 43).

[2]) Cesar ... volse che si proponesse (in Dieta la causa di Martino). Der Ausdruck muss auffallen; denn die Rede Aleanders war ja doch selbst schon eine „Vorlage" der Sache. Die Erklärung liegt wohl darin, dass Aleander nur eine Ankündigung des ausser Zweifel stehenden kaiserlichen Verfahrens an die Stände im Auge gehabt hat, der Kaiser nun aber doch auch „consensu et conseglio Principum" verfahren will.

[3]) Hier tritt zum ersten Male eine Meinungsverschiedenheit des deutschen und des geheimen Rathes hervor, welche beiden Aleander durchaus als gesondert darstellt, Walts daher (28) mit Unrecht zusammenwirft. Vgl. ob. S. 30.

[4]) Die Interpunction bei Friedrich ist sinnlos; zu lesen ist ... nihilominus vello imperio, ma questo defectu principum, non già consilio neque assensu; li quali etiam che rechiamassero ... In diesem herrlichen Auftreten des Kaisers lag übrigens Methode. Auch 1529 hiess es in der kaiserlichen Vorlage über den Abschied von 1526, der Kaiser hebe denselben auf, cassiere und vernichte ihn, alles aus kaiserlicher Machtvollkommenheit, befehle auch den Ständen, die geforderten Bestimmungen in den Abschied zu setzen. Die Stände, ohne sich über diese Form weiter zu ereifern, nahmen die Vorlagen ruhig in Berathung.

Willensmeinung in der angegebenen Weise erklärte und am folgenden Tage einen Rath zur Wiederholung derselben Erklärung in den Fürstensaal sandte[1]), beriethen die (Kur-) Fürsten doch sieben Tage lang mit solcher Meinungsverschiedenheit, dass zu allgemeiner Bestürzung der sächsische Kurfürst und der Markgraf von Brandenburg nahezu handgemein wurden und nur durch die Dazwischenkunft des Salzburgers und anderer der drohende Skandal verhütet wurde; ein Vorfall unerhört in der Geschichte des Kurfürstenthums.[2]) Die Mehrheit, bestehend aus den drei geistlichen Kurfürsten und dem Brandenburger, war, soweit Aleander vernommen hatte, einer Meinung, die sich der seinigen nur näherte, nicht unbedingt anschloss. Die beiden von Sachsen und der Pfalz „giengen schreiend davon und machten tolle Sachen". Die Mehrheit liess dann durch den beredten Hohenzollern ihre Meinung dem Fürstenrathe vortragen und fanden, wie es schien, bei vielen Mitgliedern Beifall und so erklärten die beiden Kurfürsten, dass sie sich beruhigten. Dennoch wurde durch den anfangs erhobenen starken Widerstand und durch die Umtriebe des sächsischen Kurfürsten der Beschluss derartig gestört und verwirrt (intricata), dass er weder nach dem Willen des sächsischen, noch nach dem „sehr guten Anfang" der vier anderen Kurfürsten ausfiel.

Von dem Inhalt des Beschlusses,[3]), der, unzweifelhaft schon am 19ten gefasst, (S. 43) dem Kaiser in deutscher Sprache schriftlich übergeben war, hat Aleander am

---

[1]) Dieser erste Entwurf des Mandats gegen Luther (Förstemann No. 14, S. 55), in welchem die kaiserliche Willensmeinung enthalten ist, geht völlig auf die römische Auffassung ein. Der Kaiser erklärt nach einer kurzen Uebersicht des Handels, dass Luther, als einen erklärten und verdammten Ketzer nicht weiter zu hören noch gebührlich sei, dass er, der Kaiser, nicht bloss für seine östreichischen und burgundischen Lande der päpstlichen Heiligkeit anzuhängen beschlossen habe, sondern als Schirmherr der Kirche auf päpstliche Requisition auch den Ständen des Reichs bei Strafe der Acht und Aberacht das Verbot und die Verbrennung der Lutherschen Schriften, die Ergreifung seiner Person befehle.

Man sieht, die Frage war, ob in Deutschland der Papst durch den Kaiser das Hoheitsrecht der Gerechtigkeitspflege ausüben habe, oder die Landesherrn, der Staat.

[2]) Wie in der kurfürstlichen Curie, die allein gemeint scheint, auch andere Fürsten haben zugegen sein sollen, weiss ich nicht zu erklären. Wenn übrigens die Scene bei dem bekannten Character Friedrichs des Weisen wenig glaublich erscheinen sollte, so ist sie von Aleander selbst (Br. 10, S. 111) aus dem katholischen Uebereifer (è tutto nostro all' extremo) des Brandenburgers weiter erklärt: quasi venne in la sala alla diffidatione del Saxone.

[3]) Dass diese „conclusione" die von den Ständen zum 19ten abzugebende „Antwort" ist, ergiebt sich mit zweifelloser Gewissheit allein schon aus der vollständigen Gleichheit ihres Inhalts mit: „Der Stend antwort kr. Mt. in d. Martinus sachen" (Förstemann S. 57 No. 15). Nach Aleander sollte sie am 19ten abgegeben werden und in der That beriethen die Stände 7 Tage (Br. 8, S. 105), die vom 13—19ten nach römischer Rechnung herauskommen. In genauester Uebereinstimmung damit berichtet Fürstenberg, die Stände hätten berathen am Freitag, Montag und Dienstag (nach Aschermittwoch) d. h. den 15ten, 18ten und 19ten Febr. Es wäre ja auch ganz undenkbar, dass Aleander von der in Aussicht stehenden Antwort der Fürsten keine Sylbe berichtet hätte. Somit sind die Worte von Waltz (a. a. O. 29): „ob sie (die Antwort) erfolgte, konnte ich nicht ermitteln", gegenstandslos und das „kaum durchdringliche Dunkel", in welches ihm die Berathungen gehüllt scheinen, lichtet sich. Wunderbar, dass er S. 30 doch fortfährt: „Erst spät verglichen sich die Stände einer Antwort" und zu sagen vergisst, auf welche Frage denn anders diese gegeben sein könnte, als auf die propositio des Papstes durch Aleander und den Kaiser am 13ten Febr. Der Fehler geht übrigens zurück auf Ranke, bei dem, auch in der vierten Ausgabe, der 13te Febr. als solcher weder benannt wird noch auch als Tag der Requisition der Staatsgewalt durch die Kirche zu seinem Rechte kommt. Er verlegt nach Fürstenbergs vermuthungsweise berichtigter Datierung die „Antwort der Stände" auf den 2ten März. Förstemann gelangt auf Grundlage einer andern Vermuthung zu demselben Monatstage. Waltz hält die Bezeichnung

27sten Febr. vollständig zutreffende Kunde. Er bringt ihn auf vier Punkte, die wenn auch nicht in der Numerierung, doch in der Reihenfolge der Wirklichkeit entsprechen, so dass angenommen werden darf, ihm habe eine Uebersetzung vorgelegen.

Die Stände, so berichtet Aleander, danken dem Kaiser, dass er, obwohl berechtigt (puotendo) das Mandat ausgehen zu lassen, doch sich mit ihnen habe benehmen wollen (communicar con loro), was wohl gethan sei, um die Rechte des Reiches zu wahren.[1]) Sodann widerrathen sie dringlich die Erlassung des Mandats, (che per niente tal mandato si mandasse fuora) weil es das grösste Aergerniss und ein gewaltiges Feuer in Deutschland erregen würde.[2]) „So haben sie sich, ruft Aleander aus, ein Recht in dieser Sache mitzusprechen angemaasst, was der Kanzler sich verbürgt hatte, es solle nicht geschehen: Gott verzeihe es ihm!" Vor der Veröffentlichung müsse Luther unter sicherem Geleite beschieden und befragt werden, ob er die Bücher geschrieben; dann sei ihm der sofortige Widerruf des gegen den Glauben und die Sacramente Gerichteten aufzuerlegen; im Weigerungsfalle sei er für einen Ketzer zu erklären und nach seiner Rückkehr und Ablauf des freien Geleits zu greifen, wobei die Stände Gut und Blut einsetzen wollten. In Betreff seiner Lehren über die Gewalt des Papstes und die positiven Rechte (der deutschen Nation) sei er dagegen zu hören und vom Kaiser Richter für eine etwaige Disputation gegen ihn einzusetzen[3]) — „man merke die schöne Berathung der deutschen

---

Fürstenbergs (Samstag nach merten — Martha virg. mart. 23 Febr. — 2 März) als richtig fest und erhält so dasselbe Ergebniss. Auch Köstlin (I, 433), dem der Friedrich'sche Abdruck der Aleandrischen Briefe vorgelegen hat, schliesst sich ihnen an. Der Fehler liegt nun, wie ich noch eben vor Thorschluss aus dem Fürstenberg'schen Briefe bei Steitz (Luthers-Herbergen, Neujahrsblatt des Vereins für Geschichte in Frankfurt a/M. 1861) ersehe, nicht an Fürstenbergs Datierung, sondern an der falschen Beziehung derselben auf die „Antwort der Stände". Schon Steitz hat, ohne die Briefe Aleanders gesehen zu haben, nach Fürstenbergs Bericht vom 20sten Febr. dieselbe richtig auf den 19ten verlegt. Die am 1sten März angesagte, am 2ten gehaltene Sitzung der Stände hat sich offenbar bezogen auf die Frage, „wohin Luther zu erfordern und was ihm vorzuhalten" sei. Auffallend bleibt, dass derselbe über die erste Frage nur, man habe Frankfurt vorgeschlagen, über die andere garnichts zu berichten weiss. Nach seinem Zusatz zur ersten, „doch stet es noch uf k. M. gefallen", ist anzunehmen, dass die kaiserliche Politik sich schliesslich für Worms, als Sitz des Reichstages, entschieden hat. Denn die Vorladung hierhin ist schon vom 6ten März datiert und von weitern Berathungen der Stände über den Ort hören wir nicht. In Aleanders gehäuften und langen Briefen von Ende Febr. und Anfang März verlautet von dieser Frage nichts.

[1]) Ehrfurchtsvoller ist der wirkliche Ausdruck: die Stände beziehen sich auf den kaiserlichen „Willen", „dergleichen Mandat im heiligen Reich ausgehn zu lassen" und die Bereitwilligkeit, wenn Stände etwas besseres wüssten, dasselbe zu vernehmen. In „solchem gnädigen Verhalten" haben sie „den gnädigen, getreuen und guten Willen und Fleiss" des Kaisers „zu Ehren und Wohlfahrt nicht allein des heiligen Reichs und teutscher Nation, sondern auch der heiligen christlichen Kirche und Glauben" erkannt und finden es „löblich christlich, ehrlich und Majestät als christlichem Kaiser gebührlich".

[2]) Die Stände erinnern in der That „warnungsweis" an die allerlei Gedanken, Phantasieen, Pläne und Wünsche, welche dem gemeinen Manne an viel Enden in teutscher Nation aus Luthers Predigt, Lehre und Schriften erwachsen seien; wenn die Mandate „allein mit der Schärf des Luthers unerfordert" ausgiengen, möchte mehr Unruhe und Empörung als Gehorsam Frucht oder Nutz entstehen.

[3]) Etwas anders heisst es (mit leiser Aenderung und Kürzung) in der „Antwort": „Und sofern er die (gegen unsern heiligen Glauben ausgegangenen) Schriften und Artikel) widerrufen würde, soll er in andern Puncten und Sachen ferner gehört und die Billigkeit darinnen verfügt werden. Wo er aber auf allen oder etlichen Artikeln, die wider die christlich Kirchen und unsern heiligen Glauben sein . . . zu bestehen und zu verharren antworten würde, so wollen alle Kurfürsten, Fürsten und andern Stände des heiligen Reichs ohne fernere Disputation denselben Glauben helfen handhaben. Und danach solle der Kaiser das erforderliche Mandat ausgehn lassen.

Fürsten!" — danach sei das Mandat zu veröffentlichen. Trotzdem sie nun erklärten, alles der kaiserlichen Majestät anheimzustellen, warnen sie dieselbe doch, sich zu hüten durch ein anderes Verfahren als sie rathen ein grosses Aergerniss im Reiche zu erregen[1]). Endlich „flehen" sie den Kaiser an, sie von der Tyrannei Roms zu erretten und hier „schütten sie all ihr Gift gegen uns aus"[2]).

Die Antwort des Kaisers ging nach Aleander „klüglich" dahin, er wolle die Beschwerden gegen Rom nicht vermengt haben mit der Lutherschen Sache, die den Glauben berühre; er werde übrigens an S. Heiligkeit schreiben und hoffe, dieselbe werde die Missbräuche abstellen, wenn sie seien wie die Fürsten sagten. Ueber die Autorität des Papstes und die Decretalien wolle der Kaiser auch durchaus nicht (per niente) disputiert wissen, sondern, wenn Luther kommen solle, sei er bloss zu befragen, ob er jene Bücher verfasst habe, und wenn er es bekenne, ob er aufrecht erhalten und vertheidigen wolle, was er gegen den Glauben und die bisher gehaltenen Ordnungen und Gebräuche geschrieben habe. Widerrufe er, wolle sich kaiserliche Majestät für seine Wiederaufnahme verwenden; beharre er aber verstockt in seiner Ketzerei, solle er nach seiner Rückkehr unter sicherm Geleit als Ketzer ergriffen werden.[3])

Hierüber, heisst es in unmittelbarem Anschluss bei Aleander (S. 107 o.) weiter, d. h. wie der Verfolg zeigt, nicht bloss über die den Ständen schriftlich zu gebende Antwort, sondern auch zugleich über das gegen Luther nach dem veränderten Willen des Kaisers zu erlassende Mandat und seine Vorladung, liess nun der Kaiser die Räthe seiner Nationen zusammen treten und berieth mit ihnen bis 10 U. A. (dove fù ad hore quattro di notte). Ein Schluss kam aber bei der Getheiltheit der Stimmen nicht zu Stande und endlich ernannte der Kaiser einen Ausschuss, bestehend aus den Prälaten von Salzburg, Sitten, Triest, Palenza, Tuy, dem Beichtvater (des Kaisers) und 3 anderen Doctoren mit der Weisung, das Interesse Gottes und des heiligen Vaters, die Ehre und Pflicht Sr. Majestät, die möglichste Befriedigung der Fürsten und der Völker zur Richtschnur zu nehmen.[4])

---

[1]) In dieser Stelle ist die Uebereinstimmung am grössten und bei bloss mündlicher Uebermittlung, die Aleander andeutet (quanto possiamo intendere) nicht erklärlich.

[2]) Diese Bitte ist als ausser der eigentlichen „Antwort" stehend, mit einem „Daneben" eingeführt: „E. k. Mt. wolle gnädiglich bedenken, was Beschwerde und Missbrauch dem heiligen Reich obliegen und von dem Stuhl zu Rom an viel Weg begegnen und darum gnädiges Einsehn thun, damit solches auf ziemlich, leidlich und träglich Weg und Maass gestellt und gezogen werd". Das effuderunt omnia venena sua muss wohl mehr auf die bezüglichen mündlichen Erörterungen bezogen werden.

[3]) Die kaiserliche Antwort bei Förstemann (S. 58 No. 16) stimmt hiemit nicht ganz. Sie ist nämlich äusserst gnädig gehalten. Der Kaiser nimmt den Rath Luther zu erfordern und erst, wenn er seine Angriffe gegen den Glauben verweigere zurückzunehmen, gegen ihn zu verfahren, unbedingt an. Zur Abstellung der Beschwerden gegen Rom ist der Kaiser „wohlgeneigt"; Stände mögen sie schriftlich anzeigen, dann will der Kaiser über das, was ferner darinnen vorzunehmen und zu handeln sei, sich mit ihnen freundlich und gnädig unterreden". Diese sichtbare Milderung der uns vorliegenden Antwort erklärt sich aber leicht, wenn wir das rispose (106 o.) von der vorläufigen mündlichen Antwort verstehen, die der Kaiser sofort auf die ihm ins Französische übersetzte Eingabe der Stände gab. Andern Falls würde auch die weitere Mittheilung Aleanders von den langwierigen Berathungen über die Sache nicht zu verstehen sein. Die schriftliche Antwort war bereits begleitet, wie sie selbst sagt, von dem Entwurf des Mandats.

[4]) Die Einsetzung dieses Ausschusses bereitet also die kaiserliche Antwort und das Edict gegen Luther (Förstemann No. 16 und 18) die zusammen gehören vor, fällt nicht, wie Waltz meint (30), nach der kaiserlichen Antwort. Friedrich nennt die Commission eine „neue". (?)

Der Salzburger erklärte bald darauf Aleander, er wolle die Vorladung Luthers nicht, aber bei der einstimmigen Forderung der Fürsten und Völker sei sie nicht zu umgehen; er wünsche Aleanders Meinung darüber zu hören. Aleander, der sich in diesen Tagen in „einem Labyrinth" fühlt, dass er „in Wahrheit nicht weiss, wohin sich wenden" und von Luthers Kommen nur grösseres Unheil fürchtet, antwortete: er könne und dürfe, so weit an ihm sei, eine Erörterung, ein Anhören und Befragen nicht gestatten, wo die alten Concilien und der gegenwärtige Papst gesprochen hätten, ganz abgesehen von dem Skandal, den Luthers Kommen erregen könne; die Pflicht des Kaisers sei, so wie er die Bücher Luthers von dem einzigen wahren Richter über solche Dinge verurtheilt gesehen, sie zu verbieten und zu vernichten und mit Luther zu verfahren nach der Form Rechtens. Fürchte er das Volk, so möchte er das beste Mittel zu finden suchen, nur dürfe er nicht der Autorität des Papstes Abbruch thun.[1]) Nach solchen „Instructionen" hat der Salzburger sich entschlossen, das Decret so umzugestalten, dass weder Fürsten noch Völker reclamieren können und doch der „von uns gewünschte" Erfolg erreicht werde. So ist dasselbe gestern Abend (am 26sten Febr.) in deutscher Sprache aufgesetzt und am 27sten früh Morgens Aleander gezeigt, dem Secretär Spiegel aber der Auftrag gegeben, es ins Lateinische zu übersetzen und es Aleander mitzutheilen, bevor es von einem der Deputierten gesehen würde. Dies ist aber nicht geschehen und Abends 8½ Uhr ist die Berathung beim Sittener Bischof noch nicht beendet.

Am folgenden Tage den 28sten Febr. (Br. 10) hatte Aleander schon vor Sonnenaufgang eine Unterredung mit Chièvres, um ihm das Zögerungssystem als Kirche und Staat gefährdend darzustellen. Chièvres hält, wie er schon wiederholt geäussert hat, die Sache für leicht zu unterdrücken, offenbar unter Voraussetzung der nöthigen Gegenleistung des Papstes; Gattinara der Kanzler erklärt dagegen ein Concil für unumgänglich und wiederholt sein Wort von dem Widerstreben der Sterne (quod fata obstant.); der Beichtvater sieht den „Brand schon entzündet"; die Fürsten schwanken, die Prälaten bangen. Von Chièvres geht Aleander zum Sittener Bischof, in dessen Hause die gestrige Berathung — und zwar ohne Zuziehung des Beichtvaters — stattgefunden hat. Er hat aber keine runde Auskunft erlangen können; nur soviel hat er „auf gutem Wege" erfahren, dass sie die Vernichtung der Bücher und die Vorladung Luthers wollen zur Beantwortung der Frage, ob er sich zu seinen Büchern bekenne; im übrigen so, wie er gestern (über die kaiserliche Antwort) berichtet hat. Das Mandat ist bereits — also in der Fassung des Ausschusses — an Spiegel zur Uebersetzung ins Lateinische gegeben und soll dem Nuntius mitgetheilt werden; er fürchtet aber es wird nicht geschehen; menschliche Weisheit weiss keinen Ausweg mehr. Vom Sittener Bischof hat sich Aleander zum Kaiser begeben. Er muss zwar zwei Stunden warten, während welcher Joachim von Brandenburg warnend vor den Absichten der Fürsten und des Volks ihm räth, um

---

[1]) An dieser Stelle erwähnt Aleander „einen Beschluss vom 29sten Dec." 1520, dessen Ausführung leider durch die Aengstlichkeit des damit Beauftragten verhindert sei. Weder in Aleanders eignen Berichten noch sonst wo findet sich etwas über diesen Beschluss und über die mit seiner Ausführung beauftragte allzu ängstliche Persönlichkeit (den Mainzer Erzbischofs?). Da auf die Zahlen in dem Friedrichschen Texte nicht unbedingter Verlass ist, so wird der Beschluss mit der Zurücknahme der kaiserlichen Aufforderung an Friedrich den Weisen zusammen hängen, Luther auf den Reichstag mitzubringen.

keinen Preis Luther kommen zu lassen; aber er erreicht seinen Zweck, führt ihm aufs Neue die seit Monate langen Berathungen nur gewachsene Verwirrung zu Gemüthe und nöthigt ihm ein erneutes Versprechen ab, Ordnung zu schaffen und noch vor dem Mittagsessen darüber aus sein zu wollen.¹) Indess scheint der Kaiser nicht mehr so kühn wie früher, und seine Vertrauten ziehen die Sache hin aus Menschenfurcht und weltlichen Absichten. Auch der einst ganz römische Herzog Georg hat böse Erklärungen und ein böses Beispiel am Reichstag gegen den heiligen Stuhl gegeben.²) Aleander ist darauf gefasst, dass man ihm aus Besorgniss vor Volksbewegungen Mandat und Execution versagen wird, das einzige Mittel, Einhalt zu thun, da der Bann ein Gegenstand des Gelächters geworden ist und von den Kanzeln die Predigt gegen Luther nicht mehr gewagt wird. Dem frechen Handel mit immer neuen Büchern, selbst am kaiserlichen Hofe, lässt sich auch ohne dies Mandat nicht steuern. Der Kaiser hat bereits (bis März 1? S. 43) „in vollem Rathe" (d. h. also nach dem Zusammenhange auf Grundlage des Ausschuss-Gutachtens) die Ausfertigung (expeditione) befohlen; aber dennoch wird sie verhindert. „Die versteckte Begünstigung Luthers durch den sächsischen Kurfürsten, die Wuth sämmtlicher Fürsten gegen Rom, die" (erneuten) „Berathungen, in die man wider seinen Willen ihn auch hineingezogen hat, der Mangel an Geld um den Secretär und danach die Expedienten zu „schmieren" sind Schuld daran.³) Aber Aleander ist jede Stunde „dabei"; (pur ogni hora sono appresso) und damit sie sich nicht mit Abhaltungen entschuldigen können, hat er selbst — in diesen erneuten Berathungen also — die lateinischen Entwürfe verfasst, welche dann für den Reichstag ins Deutsche zu übersetzen sind, wenn sie die Billigung des Rathes gefunden haben werden (poichè saranno comprobate per il Conseglio). Dabei hat es unerträgliche Anstrengungen sie zusammen zu bringen (ad adunirli) und „zehn" Berathungen gegeben; denn wenn sie (d. h. die Commissäre) nun einig geworden sind, so berichten sie an den Rath und wenn es sich dann trifft, dass die neuen Räthe nicht bei der ersten Verhandlung (al primo Conseglio) zugegen gewesen sind, so wollen sie ein jeder den erfahren machen, zusetzen oder wegthun und aufs neue werden Commissarien bestellt, so dass die Berathungen, die er von Anfang an immer geflohen hat, ihm über den Hals kommen, er mag wollen oder nicht.⁴) Er weiss keinen Ausweg mehr; denn auf die, welche in dieser Sache zu handeln Ursache und Verpflichtung hätten,

¹) Am 1sten März berief Karl in der That die Stände auf den folgenden Tag (s. o. S. 54.)
²) Die 12 Beschwerden des Herzogs müssen also bereits vor dem 28sten Febr. erhoben sein, wenn sie auch später erst festgestellt sind. S. unten.
³) Dies oder ein ähnliches Prädicat ist nach der Reihe der vorangehenden Subjecte hinter exequirli zu ergänzen und dann ein neuer Satz mit Pur ogni di anzufangen. Was Friedrich bei seiner Interpunktion hier verstanden haben mag, ist nicht zu ersehen.
⁴) So erscheint der überaus unklare und unzusammenhängende Bericht Aleanders einigermassen verständlich und widerspruchslos. Man muss aus den Worten: in le quali (consulte) invitis dentibus meis hanno tandem gettato entnehmen, dass Aleander seine ablehnende Haltung gegen den Salzburger Erzbischof (vgl. ob. S. 56) aufgegeben und doch auf die Erwägung der Vorladung Luthers sich eingelassen hat. Die consilieri di tutte le natione subjette a Cesar, die Aleander zu „vereinigen" hat, sind die Commissarien, die, wie schon oben erwähnt (55, vgl. Friedrich 107 ob.) vom Kaiser zur Vorberathung ernannt waren, der conseglio, an den sie berichten, der combinirte deutsche und geheime Rath (p. 107 Friedrich: sopra ciò fece adunare li Conseglii di sue nationi.) Den neuen Ausschuss bestimmte natürlich der Kaiser. Was zu seiner Einsetzung nöthigte, erfahren wir nicht.

ist keine Hoffnung noch Verlass. Indess darf man doch nicht müde werden, sein mögliches zu thun. Die Beschwerden der deutschen Nation, die Aleander übrigens von einigen wenigen ausgegangen glaubt, auch einen Brief von Luther, (vgl. Köstlin I, 421) legt er bei.

Noch in der zweiten Woche des März wusste Aleander, obwohl ihm der Bischof von Palenza die Ausfertigung (des Mandats) fest versprochen hat und obwohl er alle diese Tage beim Kaiser, bei Chièvres und andern Räthen gewesen ist und Versprechungen über Versprechungen erhalten hat, nichts bestimmtes zu schreiben. Drei Monate sind für ihn in Worms vergangen, ohne dass er mit allen seinen Disputationen, Instructionen, Intercessionen und Anstrengungen etwas anders erreicht hätte als tausend Beschlüsse ohne Ausführung. Dieser endlose Sinnes-Wechsel empört ihn. Nicht einmal Chièvres und der Kanzler sind sich einig; der erste verlangt zur bessern Durchführung den Beirath der Fürsten, der andere hält ein Concil für unumgänglich und redet nur von dem Widerstand des Geschicks. Aleanders Widerlegungen hören sie an, schliesslich thun sie aber doch was sie wollen. Sie geben ihm Recht, dass es eine gefährliche Ketzerei sei[1]), erklären aber doch, es sei besser zu temporisieren und auf friedlichem Wege dem Uebel abzuhelfen.

Um von der Sendung eines Cardinal-Legaten abzumahnen, von der nach mehrseitigen Nachrichten im Consistorium die Rede gewesen sein solle, macht Aleander darauf aufmerksam, dass die Fürsten eine solche Gelegenheit nur benutzen würden, um neue Concordate zu erpressen; denn sie würden den Lutherschen Handel nie zu einem Ende kommen lassen, um vermittelst desselben Se. Heiligkeit gewissermaassen zu ihrem Willen zu zwingen. Dass die offenbar dilatorische Behandlung der Sache durch die Leiter der kaiserlichen Politik aus ganz denselben Gründen herrühre, ahnt er wohl (ob aliquas latentes causas), durchschaut es aber nicht. Nur bittet er (Mitte März) Se. Heiligkeit flehentlich, man möge doch ja den Kaiser und die Seinen und die ganze deutsche Nation nicht reizen, bis die Luthersche Sache beigelegt sei; er weiss und hat gesehn Dinge, — so versichert er wiederholt — die er nicht zu schreiben wagt; ohne den Hass gegen Rom wäre die Sache längst eingeschlafen.

Am selben 15ten März (vgl. ob. S. 44) hat Aleander den kaiserlichen Geleitsbrief (vom 6ten) unterzeichnet von der Hand des Kaisers, zu Gesicht bekommen[2]). Er glaubt die Abreise des Courriers nahe bevorstehend. Das deutsche Mandat, die Bücher Luthers auszuliefern[3]) erwartet er am nächsten Montag (d. h. muthmaasslich den 18ten März) aus der Druckerei kommen und dann durch Courriere des Kaisers über ganz Deutschland verbreitet zu sehn.

Am 19ten oder 20sten (s. o. S. 44) sendet Aleander das Mandat in authentischer und wörtlicher Uebersetzung. Jetzt erst erfahren wir, dass Aleanders „schönes Mandat",

---

[1]) Der Text ist hier nicht ganz in Ordnung; vielleicht ist hinter exempij bloss ein che ausgefallen, exempij aber im Sinn von Beispielen (der Ruchlosigkeit) Beweisen, Thatsachen gebraucht.

[2]) Dass Aleander und der Markgraf von Brandenburg gegen die Ertheilung freien Geleits an einen Ketzer gewesen seien, berichtet Münter (92) aus einem bei Friedrich nicht vorliegenden Briefe und gesteht auch Pallavicini zu (I, 173).

[3]) Um diese somit nach der milderen Seite entschiedene Frage, ob die ketzerischen Schriften gleich verbrannt oder nur abgeliefert werden sollten, hat sich offenbar der Streit in den von Aleander erwähnten gehäuften Berathungen hauptsächlich gedreht. Fertig war das Edict schon März 10 (Förstemann 61).

welches er selbst „nach seinem Herzen" lateinisch abgefasst hatte und das also die „unbedingte Verbrennung von Luthers Schriften und das Verfahren gegen seine Person" gefordert haben muss (vgl. Förstemann No. 17), obwohl angenommen von dem Ausschuss, im Reichstag dem sächsischen Kurfürsten zu Liebe, wenn auch nicht zur Genüge, verändert worden ist (S. Waltz 31). Es ist also nicht ausgefallen, wie es hätte sollen, wie er gefordert und wie „sie" ihm so oft versprochen hatten, dennoch findet Aleander es nicht durchaus schlecht, zumal da, wo des Reichstagsbeschlusses erwähnt werde, den überlieferten Gebräuchen und Gesetzen treu bleiben zu wollen. Es hat auch schon seine Wirkung gethan: die Lutheraner hatten drei grosse Wagenladungen alter und neuer Bücher von der Frankfurter Messe kommen lassen, haben sich aber damit sofort wieder aus dem Staube gemacht und sind ganz betroffen und kleinlaut jetzt, da sie vorher durch das Zögern des Kaisers zu dem Glauben gelangt waren, er sei Luther günstig gesinnt. Nur um das Volk aufrecht zu erhalten, behaupten sie theils das Mandat sei untergeschoben — amtlich veröffentlicht war es noch nicht — oder es geschehe Luther Unrecht, dass man es vorher habe bekannt werden lassen [1]) bevor man ihn verhört.

Etwas später (Br. 17, etwa um den 25sten März) zeigt sich Aleander mit dem vom Kaiser nun einmal beliebten Verfahren völlig ausgesöhnt und hofft sogar bessern Erfolg, als wenn derselbe allein ohne Reichstagsbeschluss die Execution (des päpstlichen Spruches) verfügt hätte. Nur fürchtet er noch immer, schliesslich doch betrogen zu werden. Denn wenn er immer schon seine Bedenken gehabt hat, ob man nicht Luther als Mittel benutzen wollte, um einen Druck auf den Papst zu üben [2]): jetzt zweifelt er nicht mehr. Denn gestern Abend, als der Kaiser zu seinem Vergnügen (sollazzo) vor das Thor gegangen war, um ein Paar Pferde zu probieren ist er nachgegangen, um bei Chièvres die Expedition des Mandats zu erwirken. Er möge, mahnte er ihn, die Hand bieten zur Unterdrückung und Vertilgung jener abscheulichen Ketzerei, was dem Kaiser zu grosser Erhöhung und ihm (Chièvres) zu nicht geringerer Ehre gereichen werde, da doch alles auf ihn zurückginge. Auf diese längere Vorstellung erwiederte ihm Chièvres: Macht dass der Papst seine Pflicht thue und schlecht und recht mit uns gehe, dann werden wir thun alles was S. Heiligkeit will. Auch einem weiteren Erguss von Aleander ward nur die Antwort: Sagt nur, dass Euer Papst nicht immer unsre Angelegenheiten störe (vadi brogliando); sonst könnte sich für ihn eine Verwicklung ergeben, aus der er Mühe hätte sich zu lösen. Aus diesen und ähnlichen sehr vertrauten Aeusserungen versteht Aleander, dass sie seit Monaten, namentlich seit Karls Unterredung mit Friedrich dem Weisen in Köln die Absicht gehabt haben, die Luthersche Sache zu benutzen (di servirsi). Auch das zeitweilige, sicherlich nur bis auf ferneren Wink auferlegte Schweigen Huttens führt er auf eine kaiserliche Weisung zurück. Mit gutem Grunde bekanntlich, erklärt er, auf sicherem Wege erfahren zu haben, dass man ihn in Dienst zu nehmen und so stumm zu machen gedenke, da es schwierig sei, einen deutschen Edelmann zu strafen, namentlich einen Mitverschworenen von Franz von

---

[1]) Die Begründung dieser Uebersetzung s. ob. S. 45.
[2]) Der Sinn der Stelle ist zweifellos; was unter scato versteckt sein mag, weiss ich nicht zu sagen; escato der Köder passt zu wenig in das Bild.

Sickingen und Bekämpfer der Kirche. Worauf übrigens Chièvres zielte, wusste Aleander nicht so recht (particolarmente) und half sich mit Erwiederungen allgemeiner Art. Den Ausdruck dagegen Euer Papst wies er mit der Bemerkung zurück, wenn sie Christen sein wollten, wäre der Papst eben so gut der ihrige als der „unsrige"; sie möchten sich hüten, Gott zu erzürnen, der den Fürsten die Hoffahrt nehme (qui aufert spiritum Principum Psalm 76, 13) und den Glauben frei halten von persönlichen und weltlichen Leidenschaften. Chièvres antwortete: Darum würden sie den Christenglauben noch nicht verlieren, „ich sollte mir gut merken, was er sage". Schliesslich erklärte er aber lächelnd, seinerseits hielte er die Unterdrückung der Lutherschen Sache für nicht so schwer; worauf Aleander antwortete, wenn sie nicht richtigen Fleiss gebrauchten, würden sie bald einen Brand sehen, den alles Wasser ihres flandrischen Meeres nicht löschen würde.

Auf denselben Punkt kann Aleander nicht unterlassen im folgenden Briefe (18) zurückzukommen. Denn bei Tische als Gast des Lütticher Bischofs, wo auch die Geheimräthe des Kaisers viel verkehren, mit denen er als halber Niederländer und ihrer Sprache mächtig auf dem Fusse der Vertraulichkeit steht, hat er Dinge gehört, die nicht überall laut werden. Auf die Gefahr hin, ungebührlich zu erscheinen, muss er sie aussprechen. Sie erklären nämlich ganz offen, der Papst stehe völlig auf französischer Seite. Noch am selben Morgen hat einer der einflussreichsten ihm gesagt, nach dem Bericht des kaiserlichen Gesandten in Frankreich habe sich Franz gerühmt, dass 6000 Schweizer, die im Solde des Papstes seien, von ihm bezahlt würden und für die neapolitanische Frage zu seinem Befehl ständen. Ein andrer von den Grossen hat ihm wiederholt gesagt, der Papst sei welsch gesinnt (gallisare); der Kaiser werde freilich darum doch seine Pflicht thun; aber man möge ihn auch nicht allzu sehr beleidigen namentlich durch Trug und Tücke. Endlich hat der Kaiser „heute" selbst erklärt, — ob gegen Aleander unmittelbar wird nicht klar — der heilige Vater habe an keinem Kaiser oder Fürsten einen gehorsameren Sohn gehabt als ihn; nur möge er ihm keinen Tort anthun.

Besonders angelegentlich bittet Aleander solche Mittheilungen nicht übel zu nehmen; er wolle keine Rathschläge geben, aber er sehe vom kaiserlichen Hofe doch mehr, als die in Rom, halte er daher für seine dienstliche Pflicht, darüber Aufklärung zu geben und erinnere mit aller Ehrfurcht, Se. Heiligkeit möge in diesen neuen Unruhen Sorge tragen, jenen Fürsten nicht zu verletzen. Mit seiner Güte, Klugheit und Entschlossenheit, mit seinem treuen Glücke und seiner rastlosen Thätigkeit werde er schliesslich siegen und schon mehr als ein Beispiel beweise, dass er nicht leicht Beleidigungen vergesse [1]).

Aleander täuscht sich auch darüber nicht, dass jene Grossen, wenn sie solche Aeusserungen verlauten lassen, ausser durch Mangel an Klugheit oder durch Prahlsucht und um dem Gegner zu drohen, auch vielleicht noch durch irgend eine andere Berechnung dazu bestimmt werden konnten. Man sieht, dass gerade als es galt das Mandat zu publiciren, von kaiserlicher Seite Bedenken und Zögerung durch die verdächtige Haltung der päpstlichen Curie nahe gelegt wurde.

---

[1]) Diese Beobachtung an dem noch so jugendlichen Kaiser ist für Karl wie Aleander gleich bezeichnend.

Mit dem Gutachten der Pariser Universität über Luthers Schriften ist Aleander nicht ganz zufrieden, weil es der Macht des Papstes keinerlei Erwähnung thut, offenbar in Folge ihrer längst gelehrten Ansicht über Concil und Papstthum, nicht wie sie vorgeben, um dem Schein der Parteilichkeit zu entgehen.

Am 5ten April glaubt Aleander bereits eine entschiedene Beruhigung des Volks in Folge des Edicts eingetreten zu sehn. Dagegen sind aber auch die grossen Gönner Luthers, oder vielmehr die, welche unter seinem Namen die Menge gewonnen, in Wahrheit es aber auf die Besitzungen der Geistlichkeit abgesehen haben, recht zum Vorschein gekommen, so dass alle Welt einen Skandal fürchtet. Hutten hat geschwiegen, so lange er hoffte, das Edict werde nicht durchgesetzt werden, dabei aber sein Gift vorzubereiten nicht abgelassen; jetzt nach Veröffentlichung des Edicts, schleudert er es nach allen Seiten. Einen „bestialischen" Brief hat er an den Kaiser geschrieben [1], in dem, soweit verlautet, er ihm sein Befremden erklärt, dass er sich von zwei armseligen Unterhändlern des Papstes — diesen Ausdruck braucht er [2] — verleiten lasse zu dem Versuche, diesen heiligen Mann Luther zu verderben und seine gute Lehre zu unterdrücken. S. Majestät möge aber nicht glauben, dass irgend ein kaiserliches Edict mehr vermöge als die göttliche Wahrheit [3]. Einen sanfteren Brief hat er an den Mainzer Erzbischof gerichtet, den er mit freundlichem Lobe immer für seinen Beschützer gehalten zu haben erklärt, den er aber nun bedauert mit diesen andern Schelmen-Priestern verbunden zu sehn gegen Luther und diejenigen, welche die christliche Freiheit vertheidigen wollen. Und am Schluss des Briefes sagt er, der Erzbischof möge ihm verzeihen, wenn er, im Fall derselbe sich nicht von einem solchen Unternehmen zurückziehen wolle, sich gezwungen sähe, seine Nation und die evangelische Wahrheit höher zu halten als den Cardinal [4].

Ein dritter Brief ist an alle in Worms jetzt versammelten Cardinäle, Erzbischöfe, Bischöfe und Priester gerichtet, welche Luther und „dieses ihr heiliges Unternehmen"

---

[1] Bei Böcking datiert vom 27sten März, was mit dem Datum der Publication und mit Aleanders Erzählung aufs vollkommenste stimmt. Denn was Aleander am 13ten geredet, wusste um 9 Uhr den 14ten Hutten auf der Ebernburg.

[2] Aleander zeigt sich auch hier gut unterrichtet, namentlich in Bezug auf die Ausdrücke, welche Hutten von ihm und seinem Genossen braucht: Scias enim sequioribus animis laturos fuisse Germanos, si quis experientem te vicisset viribus ... quam nunc cum vident duobus parum honestis demissis ab urbe huc oratoreulis cum mandatis mirum in modum imperioris victum et devinctum omnia concedere, nihil abnuere ... Den einen der beiden nebulones nennt er nachher dissimulatorem longe peritissimum, den andern in omne facinus audacem et praecipitem. — Hutten erwähnt auch einer bekannt gewordenen Aeusserung Aleanders, wenn es ihm nicht auf gütlichem Wege gelänge, würde er zu Drohungen greifen.

[3] Dies ist eine Verwechselung: in dem Briefe an Aleander selbst heisst es (Böcking II, 14 § 14) ... quasi ullum possit esse tam validum imperatoris edictum, quod illam labefactet divini verbi soliditatem ...

[4] Der Brief vom 25sten März (Böcking II, 37), ist, wie sich aus der gleich folgenden, auch Aleander berichtigenden Stelle ergibt, ein die invectiva in lutheromastigas sacerdotes, bei Böcking „m. Martio" datiert, begleitendes Entschuldigungsschreiben: „Ceterum in tuam personam scias me sic affectum, ut tibi optime velim ex animo honoremque tuum sectum et exhtimationem defensum semper capiam, semper exoptem. Itaque in iis quae a me scripta totum istud concilium attinent, ne offendare, si potes; si offendi ultro vis, utpote magna illius pars, scias potiorem esse debere bonis omnibus veritatis et libertatis assertionem quam ullius amicitiam ...

bekämpfen wollen, etwa 6 Folien lang, voll von allen denkbaren Vorwürfen und Schmähungen gegen die Cardinäle und Geistlichen, giftig genug, um die ganze Welt zu vergiften, eine Herausforderung endlich an alle jene Priester auf Tod und Leben [1]). Von dem letzten Briefe Huttens, den Aleander erwähnt, — den an Caracciolo übergeht er — nämlich dem an ihn selbst, in welchem er ihm „Krieg und Tod ansagt" [2]), sendet er eine Abschrift. Der Kaiser hat sich den Brief ins Französische übersetzen lassen und Aleander bei ihm und seinem Rath die gebührende Beschwerde eingelegt; es sei doch das unerhörteste auf der Welt, dass selbst der Gesandte des geringsten Fürsten an einem fremden Hofe zum Kampf auf Leben und Tod herausgefordert werde, wie vielmehr also, wenn das dem Gesandten des Papstes bei einem Kaiser und König wie Karl geschehe. Aleander hat Sicherheit verlangt, da nach der deutschen Meinung, man könne jeden beliebigen mit Recht todtschlagen, wenn man ihm nur Fehde angesagt habe, und bei der Menge der Feinde sein Leben in Worms durch Hutten und seine Mitverschwornen gefährdet sei. Der Kaiser und seine Räthe sind wie sprachlos gewesen (molto attoniti) sowohl über die unerhörte Frechheit und Ungebühr, als weil sie nicht wussten, wie ihr entgegen zu treten sei. Den Schelm mit Waffengewalt zu fassen, wie sie müssten, haben sie keine Leute, keine Zeit und keine Möglichkeit. Darum dachten sie gleich, Armstorff, einen Freund von Hutten, und den Beichtvater nach der Ebernburg zu senden, wogegen der deutsche Rath freilich Einsprache erhob als des Kaisers unwürdig. Auf Aleanders Frage aber, ob sie denn in der Lage wären, Bewaffnete zu schicken, blieben sie stumm und nicht im Stande, ein andres Mittel zu finden, haben sie heute (Ap. 5) den Beichtvater und Armstorff nach der Ebernburg abgeschickt. Armstorff soll sagen, er komme nicht in des Kaisers Namen, sondern von selbst, um Hutten zu rathen und bringe den Beichtvater mit, um einen schriftgelehrten Beistand zu haben [3]). In Wahrheit hat Armstorff Auftrag, Hutten 400 Goldgulden jährlich für den Eintritt in den kaiserlichen Dienst zu versprechen, damit er in Zukunft schweige, seine Vergangenheit wieder gut mache. Aleander hält eine Sinnesänderung Huttens für undenkbar, der den Gedanken einer gründlichen Umwälzung Deutschlands gefasst habe und von den Kurfürsten von Sachsen und der Pfalz, dem zwar noch jungen, aber begabten, bösen und ganz lutherischen Landgrafen von Hessen, was am schlimmsten sei aber, von dem Haupt

---

[1]) Bei Böcking „m. Martio"; jedenfalls älter als der an den Mainzer gerichtete, nach Aleander „diesen ganzen Winter", sammt den andern, ausgearbeitet mit Hülfe oder Zuthun mehrerer, die bei ihm sind, besonders eines Dominikaners, von dem er weiter unten sprechen wird (Butzer). Im Druck bei Böcking füllt die Invectiva fast 7 Blätter, die Inhaltsbezeichnung trifft vom Aleanderschen Standpunkt durchaus zu.

[2]) Der Brief ist bei Böcking gleichfalls m. Martio datiert und kann auch wohl kaum viel vor Ende März in Aleanders Hände gelangt sein. Auffallend bleibt aber dann die Stelle (§ 13): Quid est enim hoc, quod quum tu illam praeclaram habuisses orationem paucos ante dies, ego quid pridie dixisses nona statim hora postridie hic intellexi? Geschrieben muss also der Brief noch im Februar sein. Die verzögerte Absendung würde sich durch das von Aleander (ob. 59) erwähnte zeitweilige Schweigen Huttens wohl erklären.

[3]) Bei dieser Gelegenheit wird einer früheren Anwesenheit Armstorffs auf der Ebernburg gedacht, über die Aleander in einem anderen — nicht vorliegenden — Briefe berichtet hat. — Strauss weiss weder von der ersten, noch von der zweiten etwas. Für die in der That überraschende und bedauerliche Entschuldigung und Abbitte vom 8ten April, die unzweifelhaft auf die Verhandlungen mit Armstorff und Glapio zurückzuführen ist, kennt und giebt er keine Erklärung (S. 432). Vgl. weiter unten.

des ganzen deutschen Adels, dem Schrecken Deutschlands, Franz von Sickingen begünstigt werde. Die Cardinäle und Prälaten des Reichstags haben zwar eine Versammlung angeordnet, um auf Mittel der Abwehr Bedacht zu nehmen; aber sie fürchten Hutten und zwar nicht weniger seine Feder als sein Schwert. Man müsste ihn mit gleichen Waffen bekämpfen, aber die Redner und Dichter in Rom bringen ihre Zeit mit Nichtigkeiten und Eifersüchteleien zu, anstatt einmüthig den Glauben zu vertheidigen. Aleander setzt seine Hoffnung auf den „allerchristlichsten" König, denn er glaubt zu wissen, dass Sickingen, bei dem sich ein ständiger Gesandter Roberts von der Mark befindet, mindestens geheime Einverständnisse mit Frankreich habe. Schliesslich erklärt er, trotz aller Herausforderung und Gefahr, vor der Grosse und Kleine zittern, mit Caracciolo auf seinem Posten ausharren zu wollen.

Am 15ten April hat Aleander vom Staatssecretär sowohl „die Copien der Bulle als die Breven nach der erbetenen Ausfertigung¹) erhalten" (ho riceputo ... le copie della bulla et li brevi secondo le expeditioni qual demandavamo). Er hofft sie werden ihren Zweck erreichen. Sehr erfreut berichtet er über den Erfolg von Armstorffs und Glapios Sendung, welche nach ihrer Erzählung — die übrigens bei Aleander keinen rechten Glauben findet — grade rechtzeitig nach der Ebernburg gekommen sind, um die Ausführung eines bereits festgestellten Planes zu hintertreiben, „die sämmtlichen Prälaten und Priester am Wormser Reichstage in Stücke zu hauen". Hutten hat erklärt — und das mag seine volle Begründung haben — er wisse von grossen Fürsten, dass der Kaiser im Stillen garnicht so unzufrieden damit gewesen sein würde, wenn er auch gewünscht hätte, sein Missfallen darüber zu zeigen. Mit seiner Herausforderung will Hutten auch dem Kaiser einen Gefallen zu thun geglaubt haben, da er ganz gut wisse, dass die Romanisten die deutschen Fürsten zum Abfall vom Kaiser zu verleiten suchten. In Sachen des Glaubens ist Hutten vom Beichtvater beim dritten Worte besiegt gewesen und klein geworden wie ein Lämmlein. Uebrigens hat er erklärt, mit Luther nicht in allen Stücken übereinzustimmen, auch seine Sache nicht mit der Lutherschen zusammen werfen zu wollen; er verlange nur, dass die Priester in Zucht genommen

---

¹) Dass dieser Zusatz nicht auf „Bulle" sondern nur auf „Breven" zu beziehen ist, lehrt zuerst schon das Datum. Bereits am „10ten Febr." hatte Aleander „die Bullen gegen Luther" erhalten (Br. 5 im Anf.); muthmaasslich die endgültige, vom 3ten Januar datierte. Von ihrer Verwendung spricht er in den folgenden Briefen nirgends. Am 4ten März, erfahren wir aus Br. 19 (gegen Ende), hat er auch eine Bulle erhalten — wenn anders die Ziffer richtig ist — die er also einen vollen Monat später erst, (in Brief 19, Ap. 5), für unzweckmässig erklären würde, deshalb weil sie neben Luther auch Hutten und andere nennt; denn ihre Veröffentlichung würde ihm leicht das Leben kosten können ohne Nutzen für die Sache; eine Aeusserung, die als Wirkung der Huttenschen Invectiven gegen die in Worms versammelten Geistlichen anzusehen sein möchte. Am 15ten April sind nun „die Abschriften der Bulle" gekommen; wie ich vermuthe der bulla von Gründonnerstag März 28 in coena domini. Dass es die verlangte wäre, anzunehmen, verbietet schon die Kürze der Zeit; in 10 Tagen konnte nicht die Bitte in Rom ankommen und die erbetene in Worms sein. Ueberdiess drängt Aleander noch im 22sten Briefe (Ende April oder Anfang Mai) um die Bulle so wie er sie verlangt hat, nämlich eine endgültige nach dem Ablaufe des Termins und „um Gottes Willen" nur „gegen Luther und seine Anhänger im Allgemeinen gerichtete". Datiert werden müsse sie, wie „die andere" vom 3ten Januar. Diese Fassung ist nun in dem (S. 40) erwähnten Begleitschreiben der in die einzelnen Diöcesen entsandten Bulle wirklich angedeutet: bullam contra Martinum Lutherum et ejus sequaces publicatam und jenes Begleitschreiben No. 14 wird daher statt vom 13ten März vom 13ten Mai zu datieren sein.

würden (sijno castigati) und die grossen Reichthümer lassen sollten, die sie zu ihrem lasterhaften Leben in den Stand setzten. Sei der Kaiser mit ihm unzufrieden wegen der Herausforderung, so werde er gegen den Willen seiner Majestät nicht weiter vorgehen. Daher denn jener „demüthige und ergebene Brief" an den Kaiser[1]). Empört ist Aleander über die scharfen Anklagen gegen Caraociolo und ihn, die doch noch in jenem Briefe enthalten seien. Dass ein solcher Elender wie Hutten dem Kaiser so etwas wage ins Gesicht zu sagen, sei ein Beweis wie weit es mit der Welt gekommen sei. Halte er aber „ihnen" die Schande vor, derartiges zu dulden, so zuckten sie die Achseln und entschuldigten sich mit der Unmöglichkeit, die Sachlage zu ändern. In dem abtrünnigen Ordensbruder „Martino Putzer" sieht er einen schlimmen Menschen: 6 Stunden hat er disputiert, um Luthers Schriften zu vertheidigen oder ihnen den rechten, katholischen Sinn zu geben. Sickingen ist nach Aleanders Urtheil ein Mann von Verstand und Zuverlässigkeit; er weiss Luthers deutsche Schriften auswendig. Der Beichtvater will ihm aus den mitgebrachten lateinischen Schriften nachgewiesen haben, dass Luther mit zwei Zungen rede und durch diesen Nachweis wäre Sickingen von seiner ersten Meinung sehr zurückgekommen. Endlich hat er aber erklärt, er wolle eine Reform auch von sich aus (etiam di se medesimo) und wo Luther diese Sache behandle und wo immer er gut rede, da wolle er ihn vertheidigen gegen alle Welt und Kinder, Gut und Blut daran wagen; was er aber schlecht vom Glauben geredet, das wolle er der erste sein ins Feuer zu werfen. Sickingens Bedeutung, die auf seinem kampfbereiten Gefolge beruhe, verkennt Aleander nicht. Wenn aber dem Kaiser auch Streitkräfte zu Gebote ständen, glaubt er doch, würde gegen das Unwesen von Hutten und seines Gleichen nicht eingeschritten werden, denn der „Freund, welcher regiere" (Chièvres)[2]) wolle keinen Krieg.

Am lebendigsten spiegelt der ganze Brief die Erregung und zwar nicht bloss Aleanders wieder, welche Luthers nahe Ankunft in ganz Worms hervorruft. Es sind Nachrichten da, dass er auf dem Wege ist und am andern Tage eintreffen wird. Von dem Prunk, mit dem er auftritt, der Begleitung von Edelleuten und 6 Doctoren und seinem Predigen in Erfurt,[3]) wo er von Humanisten und Juristen ehrenvoll aufgenommen wurde, will Aleander zwar noch nicht mit Bestimmtheit schreiben, weil vielerlei geredet wird, aber so viel kann er bereits als sicher melden, dass jener Schelm von Herold (Caspar Sturm) der ihn geleitet, ein Narr ist und ein giftiger Feind Roms, der auf dem Wege grosse Triumphe mit Luther feiert. Aleander hat vorher trotz alles Drängens (Fr. 135 u.) nichts erfahren können über die Person und über die Abgangszeit des Herolds, ungewiss, wesshalb nicht, sonst hätte er, da er seine Verhältnisse kannte, es nach Kräften zu hintertreiben gesucht, ihm einen solchen Auftrag zu geben. Tag und Nacht sind die beiden

---

[1]) Vom 8ten Apr. (Böcking II, 47). Derselbe ist in der That geeignet, das Urtheil nicht bloss Aleanders, sondern auch des Hutten gleichgesinnten Dichters Herrmann Busch und anderer, namentlich auch sein eigenes über sich selbst vollauf zu bestätigen: In eo different utriusque consilia, quod mea humana sunt, Tu (Luther) perfectior jam totus ex divinis pendes.

[2]) Vgl. weiter unten .. de chi l'ha fin qui gubernato und Br. 21: che Dio perdoni a chi lo guberna.

[3]) Am 7ten Ap. predigte Luther dort. Köstlin I, 430. Am 14ten war er in Frankfurt, was am 15ten in Worms bekannt sein konnte. Steitz 37.

Legaten mit dem Kaiser und mit dem Beichtvater und den Mitgliedern des geheimen Rathes bemüht und haben ihre Noth, die Autorität des Papstes immer unverletzt zu erhalten und Luthers Ankunft zum Vortheil der Kirche Gottes zu wenden. Der Kaiser scheint durchaus fest zu bleiben und hat noch zur Stunde beim Weggehn aus der Vesper ihnen erklärt, er hoffe es noch besser zu gestalten, als beschlossen wäre; mindestens werde das Edict ausgeführt werden. Wenn das nur geschehe, werde es gut gehn. Er ist auch auf ihre Vorstellung eingegangen, den Doctoren, welche mit Luther kommen, als gebannten und mit einem Sicherheitsgeleit nicht versehenen den Eintritt in die Stadt zu verbieten; er will sich aber doch erst mit den Kurfürsten darüber berathen und überhaupt schon jene Ordnung schaffen, dass Gott und „ihr Herr" zufrieden sein sollen. Aleander vertraut auch, dass er Wort halten wird, wenn er nur seinem eignen guten Sinne folge und nicht gewissen Leuten seiner Umgebung, die Gott und seinen Statthalter weniger fürchten als die Menschen, sich zwar jede Zurechtweisung und selbst Schelte gefallen lassen, aber dennoch in Luthers Sache gegen Gott, Vernunft, Gesetz, Ehre und Interesse, das allgemeine wie selbst das eigne, handeln, sich immer wieder Rath erbitten und auch annehmen und dann doch das grade Gegentheil von dem Beschlossenen thun. „Es ist um Steine rasend zu machen, geschweige denn Menschen". Selbst des Kaisers, zuweilen sogar zornig ausgesprochener Wille wird nicht ausgeführt. Man muss aber nicht den Muth verlieren, und auch Mittel gegen das Schlimmste, das eintreten könnte, ins Auge fassen, worüber jedoch Aleander sich erst mündlich und persönlich äussern wird. Der sächsische Drache erhebt sein Haupt und die Kaiserlichen schweigen, ja es scheint, sie zittern. Und wenn sie an ihren Gesandten in Rom geschrieben haben, er möge Sr. Heiligkeit über die Luthersche Sache bessere Berichte geben als die der Legaten, so haben die Nuntien ihnen geantwortet, es wäre ihr einziges Gebet zu Gott, dass man sie mit der That und nicht mit Briefen und Worten zu Lügnern mache[1]). Was Aleander schreibt, ist die reine und so zu sagen evangelische Wahrheit.

Noch einmal kommt er auf den Herold zurück. Schon vor 4 Tagen hat der Beichtvater ihm mitgetheilt, dass derselbe über seine Geleitung „des Ungeheuers" an den Kaiser geschrieben habe. Alle Welt gienge ihm entgegen, Mann und Weib, Jung und Alt, es liesse sich nicht ändern. Und doch hatte man aufs heiligste versprochen, er sollte überall im geheimen eintreten. Der Herold ist derselbe, welcher auch einem Sittener Geistlichen, als er im Saale des Kaisers zur Vertheidigung der Sache des Papstthums redete, „unangenehm" ward und die Hand an den Degen legte. Er ist ein frecher Narr und wüthender Feind des Clerus, von dem man erwartet, dass er ausbreiten wird, er habe Luther auf dem Wege Wunder thun und mit dem Glorienschein umgeben gesehn. Am Sonnabend (sabato, d. h. also muthmaasslich den 13ten) hat man

---

[1]) Vielleicht beginnt hier ein neuer Brief, jedenfalls ein neuer Abschnitt. Denn sowohl der erste von hier an folgende Absatz, als auch der zweite und dritte enthält eine Wiederholung von Puncten, die schon oben, und zwar der eine kurz vorher, zur Erwähnung gekommen sind. Wenn er in Betreff des Herolds oben noch erklärt hatte, nicht zu wissen, warum man ihm seine Person und Abgangszeit so geflissentlich verborgen, so gesteht er hier zu glauben, man habe gefürchtet, dass er den Herold besteche, Luther von der Reise abzuschrecken, welche die Kaiserlichen damals sehr wünschten, jetzt bedauern, oder dass er Luther auf dem Wege einen Hinterhalt legen könnte, „was beides ganz falsch gewesen wäre".

über Luthers Erscheinen ebenso „bestürzt", wie man es früher wünschte, den Beichtvater geschickt, um mit ihm und Caracciolo sich zu besprechen, was zu thun sei [1]). Aleander erklärte ihm, er hätte ja immer vorausgesagt, der Mensch dürfe nicht kommen; nun möchten sie, die es so gewollt, dahin wirken, dass Gott und sein Stellvertreter bekäme, was ihnen gebühre und der Kaiser Ehre davontrüge. Der Beichtvater wollte aber im Namen des Kaisers der Nuntien Absicht (? obbietto) wissen und sie sagten ihm dann, es sei vor allen Dingen nothwendig, ihn so geheim wie möglich einziehen zu lassen und ihm einen „Ort" im Palaste (des Bischofs, wo Karl wohnte?) anzuweisen, wo kein Verdächtiger mit ihm sich benehmen könne. Endlich müsse er einfach gefragt werden (ob er widerrufen wolle); wenn in diesem letzten Punct nicht alles (mit Vorsicht) geschähe, so würde die Sache aus übel ärger werden. Diese Rathschläge gefielen dem Beichtvater. Sie giengen sämmtlich zum Kaiser, um ihm ihre Meinung zu berichten; er erklärte, er werde so verfahren und dennoch wurde am folgenden Tage gesagt, die Wohnung werde bei den Augustinern [2]) sein und er solle eine Wache haben, dass keiner mit ihm reden könne, der nicht dem Kaiser genehm wäre.

Sonntag (den 14ten) hat man Caracciolo mitgetheilt, sie beabsichtigten Luthers Irrthümer zu theilen, ihn zum Widerruf einiger derselben über den Glauben zu veranlassen und die, welche die päpstliche Gewalt beträfen, durchschlüpfen zu lassen. Sofort war Aleander beim Kaiser und der antwortete, er werde es entweder noch besser machen, als beschlossen oder wenigstens den Reichsschluss aufrecht erhalten. „Wenn's nur so wird"!

Eben als Aleander diesen Bericht am Vormittag des 16ten Apr. „geschlossen" hatte, kündigten ihm (Br. 21) Boten und Lärm den Einzug des „grossen Ketzerkönigs" an. Er hebt besonders sein grosses Gefolge hervor, 100 Pferde vielleicht — so berichtete einer der „Seinen", denn Aleander selbst wagte sich wohl nicht heraus — seine Herberge in der Nähe der kurfürstlich sächsischen und die vielen Herren die bei ihm zusammenströmten, um ihn zu begrüssen, sein Mittagsmahl mit 10 oder 12 derselben [3]) und nach Tisch das Andrängen aller Welt ihn zu sehen.

Aleander bricht noch einmal in Verwünschungen der kaiserlichen Räthe aus, die er auch geneigt ist für dumm, nicht bloss für zaghaft zu halten, da sie sich von diesem „Herzog" von Sachsen und den deutschen Fürsten haben betrügen lassen. Denn der triumphiert, regiert und herrscht und thut was er will gegen Gott und Vernunft und um so mehr seit der Brandenburger Kurfürst dem Kaiser erklärt hat, seinen Erstgebornen

---

[1]) Dass auch die Kaiserlichen sich bei der nicht erwarteten Kühnheit des Reformators beklommen fühlten, geht aus Brücks „Bedenken" (Förstemann No. 22, S. 66) hervor. Sie hatten gedacht, wenn Luther ausbliebe, würden sie „einen Glimpf damit erhalten". Als Brück dem „Secretär von Aragon" auf sein Befragen antwortete, es „wäre ungezweifelt, er wird kommen", „entsetzte er sich gleich".

[2]) Luther erhielt seine Wohnung in einem Hause der Johanniter bei guten Freunden in der Nähe des kurfürstlichen Quartiers. Köstlin I, 443 Aleander Br. 21.

[3]) Luther nahm dieses Mahl nach Aleander in einer stufa, d. h. nach Du Cange im Deutschen taberna seu loca ubi potationibus vacant.

mit „Madame Renée", Schwester der französischen Königin [1]) verheirathen zu wollen. Aber dennoch „der Herr im Himmel wird ihrer lachen".

Der 22ste Brief, von Aleander allein, folgt auf einen „langen und ermüdenden, von beiden Legaten unterzeichneten", der vermuthlich den Bericht über die öffentlichen Verhandlungen des 17 und 18ten April und die besonderen der folgenden Tage [2]) enthalten haben wird. Um die veränderte und endgültige Bulle gegen Luther allein mahnt er im Interesse der Ehre und des Vortheils der Curie noch einmal und zwar im Anfang wie am Schluss dieses längeren Schreibens auf das dringlichste und ausführlichste. Der Official von Trier hat ihm gesagt, dass einer von diesen Fürsten auf Eingebung jedenfalls irgend eines Lutherschen Advocaten schon anfange zu behaupten, der Kaiser habe kein Edict gegen Luther zu machen, bevor der Papst ihn nicht hier (in Deutschland) unbedingt für einen Ketzer erklärt habe. Aleander hat zwar seine Gründe, dass der Kaiser ohne andere Erklärung (des Papstes) verfahren dürfe, aber da man mit tausend furchtbaren Häuptern zu thun habe, sei es doch gut, jene Bulle möglichst rasch zu haben. Hutten zu nennen hält er durchaus nicht für nützlich und zweckmässig, so lange er am Reichstage zu thun habe, denn damit würden sie tausend Feuer entzünden. Nicht so sehr seiner Gefahr wegen spricht er so, als vielmehr der allgemeinen wegen. [3]) Hutten habe Verwandte und Freunde, arme Edelleute genug, um so schon nur zu viel Unheil zu stiften und jede Wirksamkeit zu lähmen, obwohl er für den Augenblick sich nicht mehr ereifre. Freilich sei er für sich eine „Bestie" und von wenig Gewicht, aber in solchem Tumult könne auch jeder Kleine genug schaden.

Wenn übrigens auch Aleander dem Erscheinen Luthers auf dem Reichstage die versöhnende Seite abgewonnen hat, dass sein ganzes Auftreten ihn bei aller Welt seines Nimbus entkleidet habe, so quält er sich doch noch mit mehreren Sorgen. Luther soll sich nach Böhmen zurückgezogen haben und kommt er dahin, ist es ziemlich unmöglich ihn wieder zu fassen. Dann wird er aber „bestialische Sachen" machen. Zuerst wird er die Geschichte seines Erscheinens auf dem Reichstage von Worms schreiben [4]) und das Volk aufregen mit der Behauptung, er sei nicht zur öffentlichen Disputation zugelassen und garnicht gehört worden, woran schon die Incompetenz der Richter gar nicht hätte denken lassen; übrigens hätte der Trierer Official ihn mehrfach überführt und auch Cochleus ihn umsonst zur

---

[1]) Tochter Ludwigs XII und Annas von Bretagne, jüngere Schwester der Claudia, der Erbin der Bretagne. Schon bei dem Wahlkampf um die Kaiserkrone hatte Franz den Joachim mit seiner Schwägerin, Karl mit seiner Schwester Katharina und der entsprechenden Mitgift zu locken gesucht.

[2]) Das Wesentliche wird das von Münter 94—98 Mitgetheilte sein.

[3]) Dies oder etwas Ähnliches fordert der Gegensatz mit Nothwendigkeit (vgl. ob. S. 14); die „vielen Verwandte und Freunde", gesetzt es liesse sich auch von nobili poveri trennen, durfte Aleander doch ebenso wenig wie seine eigene Person als maassgebend bekennen.

[4]) Diese ganze Stelle ist stark verderbt; mit scrisse a tre Legati plena meditatión sind offenbar irgendwie Luthers acta Augustana gemeint. Ebenso wenig ist Sinn und Zusammenhang in die Worte von ancorchè bis permetteva zu bringen oder der Nachsatz zu se non fossero state ... zu finden, da mai lui veniva in campo es nicht sein kann, sondern einen selbstständigen neuen Satz anfängt. Die an ihrer jetzigen Stelle undenkbaren Worte volevano et la incompetentia de judici non permetteva geben einen Sinn, wenn man sie mit einem che hinter non è stato udito einsetzt und zugleich bringt ihre Beseitigung da wo sie stehen das nondimeno in richtige Beziehung und Folge zu ancorchè.

Disputation herausgefordert.¹) Das zweite, was Aleander fürchtet, ist die Ausführung der am Schlusse eines deutschen Büchelchens vorkommenden Drohung, die Beichte ganz aufzuheben. Drittens wird er die leibhaftige Gegenwart des Herrn in der Messe läugnen. Viertens denkt er sich auch, nach einer dahin gehenden Aeusserung von Butzer, dass „der Schelm" die Gottgleichheit Jesu läugnen wird, einstimmig mit dem „treulosen und teuflischen Arius"²). Er bittet daher dringend, seinen Rath nicht zu verachten und alle möglichen Vorkehrungen zu treffen, „diesen Hund" zu fassen, bevor er nach Böhmen komme. Für den Fall, dass er sich nach Dänemark wende, wohin er in der That, wie das Gerücht richtig sagte, eingeladen wurde³), muss der Kaiser einschreiten, des Königs Schwager.

Der 27ste Brief, vom 15ten Mai, ist zunächst in rein persönlichem Interesse des Lütticher Bischofs geschrieben; enthält aber nebenbei die Mittheilung einer wichtigen und äusserst geheim zu haltenden Nachricht, die aus dem kaiserlichen Lager stammt. Der Bruder des Lütticher Bischofs, (Graf Robert von der Mark), hat vor 6 oder 7 Tagen mehrere Grosse aus dem Lager zu Tisch geladen und ihnen erklärt, er sei von jenem grossen Fürsten (Franz I.), um dessen willen und auf dessen Antrieb er die Feindseligkeiten begonnen habe, betrogen; er wünsche zu einem guten Abkommen zu gelangen. Auch seinem Bruder hat er davon geschrieben und gebeten, ihm behülflich zu sein. Der will sich aber nicht mit der Sache befassen, um jeden Verdacht zu vermeiden. Bei alledem vertraut Aleander, der Vertrag werde zu Stande kommen und alles für den Kaiser sich ebnen. Bei dieser Lage der Dinge ist der Entschluss Sr. Heiligkeit und Sr. Hochwürden⁴) zu thun was sie gethan haben, ein heiliger und äusserst kluger; komme jetzt, was immer, die Vernunft verlangte es so aus tausend Gründen, denn „er allein wäre als Feind uns furchtbar".

Noch einmal hat Aleander von einer Zögerung zu berichten. Denn noch (etwa den 17ten Mai s. ob. S. 46) sind die Mandate, das Wormser Edict, nicht abgesendet, nicht durch „unsere Schuld, die wir so dringlich wie möglich darum baten, sondern weil der Kaiser sagt, sie jedenfalls erst den Fürsten mittheilen zu wollen; wir sollten uns keine Sorge machen, denn bevor er den Reichstag verliesse, werde er öffentlich (publice)⁵) vor seinen Augen das Mandat deutsch, lateinisch, französisch und flämisch ausgefertigt, veröffentlicht und absenden lassen und wolle sie alle insgesammt⁶) ausgefertigt haben. Der Kanzler und alle Mitglieder des Rathes erklären, sie werden sie expediren, wenn es uns gefällig ist⁷); wir wollen es aber erst zuletzt, wenn wir im Begriff sind, von hier

---

¹) Die Aufforderung bezeugt auch Luther mit dem Zusatze, er habe aber das Geleit aufgeben sollen. Walch XV, 2187.

²) Auch bei dieser Gelegenheit bricht Aleanders Hass gegen Erasmus schlecht verhehlt hervor: ein gewisser Hochberühmter scheine nach drei oder vier Stellen seiner Werke ganz derselben Meinung zu sein.

³) Durch den dänischen Gesandten Hopfensteiner. Münter 99.

⁴) Gemeint ist das Bündniss vom 8ten Mai; weiter unten nennt er es questa santa confederatione.

⁵) Scheint nicht in dem alten und wahren Sinne von Staats wegen gemeint zu sein.

⁶) „omnino" scheint hier in diesem Sinne gebraucht.

⁷) Der wunderbare Widerspruch mit dem was oben gesagt ist, löst sich wohl so, dass sie drängen mit der Ausfertigung, um abreisen zu können; obwohl die Stelle unklar bleibt, denn wenn die Ausfertigung in ihr Belieben gestellt war, so war ja auch die Abreise in ihr Belieben gestellt. Ebenso unklar bleibt das folgende, wörtlich übersetzt.

abzureisen. Denn da solche Mandate in Deutschland nichts nützen (non giovando) so glauben wir, ja wissen ziemlich gewiss, dass jene weil sie uns die Mandate (zu verfassen) aufgetragen haben, sich stellen, als hätten sie uns genug gethan und nachher das deutsche Mandat nicht aussenden und verschicken in die Städte und Oerter Deutschlands wo das Uebel entstanden ist und wohin man das Gegenmittel bringen muss. In solchem Falle würden die Lutheraner mehr Boden gewinnen als wenn gar kein Mandat ergienge [1]). Darum drängen wir nach Kräften die Ausfertigung noch während des Reichstages zu erlangen, die der Kaiser mit seinen eignen Worten uns beiden und nachher mir zweimal besonders und vielen andern versprochen hat zu veranlassen". Der Kanzler erklärt [2]), die Ursache der Zögerung liege in gewissen Verhandlungen des Kaisers mit den Fürsten, vor deren Erledigung er das Mandat vorzulegen Bedenken trage, da dasselbe ohne Zweifel viele Gegner finden werde. Aleander erkennt, dass die französische Bewegung sowohl gegen Navarra als in dem Gebiet Roberts von der Mark sehr zur Unzeit gekommen ist; denn die Kaiserlichen beargwöhnen alle Welt und namentlich den allerheiligsten Vater [3]); ein Verdacht, den Aleander ihnen zwar möglichst zu nehmen bemüht ist, der aber doch, wie er meint, die geforderte Ausfertigung verwickelt und verzögert.

An die deutschen Fürsten hat Franz unter dem 11ten Mai ein Schreiben gerichtet, in dem er sich als den vom Kaiser angegriffenen Theil darstellt, vom Reiche aber als Bundesgenosse und in seiner Eigenschaft als Herzog von Mailand als Vasall angesehen sein will.

Die Kaiserlichen reden von grossen Rüstungen. 700 Edelleute etwa sind unter dem Namen eines grossen Grafen, der aber von Franz von Sickingen abhängt, bei Worms versammelt. Dieser scheint sich übrigens um das Reich wie um den Kaiser wenig zu kümmern; die Stände hätten die Berathung gemacht, soll er gesagt haben, er wolle den „Schluss" machen. Es wird für sicher gehalten, dass in 20 Tagen die Zahl auf 1800 bis 2000 anwachsen wird und dass sie den Trierer Erzbischof angreifen werden; der hat ihm aber gesagt, er erwarte sie guten Muths und hoffe ihnen die Antwort nicht schuldig zu bleiben, ist auch mit Sachsen und Hessen verbunden, wohl gerüstet und versehn und ein schlauer Fuchs. Andere meinen, es ist auf uns abgesehn, uns Furcht zu machen, dass wir die Luthersche Sache im Reichstage nicht weiter verfolgen und um später uns auf der Reise einen Streich zu spielen (per farci dispiacer). Der Mainzer Erzbischof will von der Bulle nichts wissen, wo er neben dem Nuntius, Messer Eck und Aleander als bevollmächtigt zur Annahme der Reuigen genannt ist; denn es werde ihm einen maasslosen Hass zuziehen, in einer solchen Sache allein von allen deutschen Prälaten genannt zu sein und es sei ihm eine Schande als Untersuchungsrichter der ketzerischen Verkehrtheit bezeichnet zu werden.

Erst von Löwen aus, Anfang Juni, sendet Aleander das kaiserliche und Reichs-Edict gegen Luther, seine Bücher und Anhänger und zwar nur noch in Abschrift, da er

---

[1]) S. 14 Anm. 4.
[2]) Oben stellte derselbe die Zeit der Expedition in das Belieben der Legaten.
[3]) Wer der Serenissimo sein sollte, ist nicht abzusehn. Ueberdiess folgt nachher S. Santità.

das Original für etwaige Fälle zur Beglaubigung einstweilen behält. Angehängt ist das Mandat gegen die Drucker, das er lieber gesondert erlassen gesehen hätte; da das aber neue 3 Monate (Verhandlungen) erfordert hätte, so hat er es mit angeschlossen und beide sind zusammen den Ständen vorgelesen und beschlossen. Er hatte es zuerst auf die Bulle des (5ten) Lateran-Concils über diese Frage begründet, damit haben aber die kaiserlichen Räthe ihn ausgelacht und erklärt, leichter Gehorsam werde das Reich allein finden. In der Fassung hat sich Aleander bemüht, Ehre und Ansehen des Papstes nach Kräften aufrecht zu erhalten [1]) und besonders etwaigen Consequenzen (für die Zukunft) daraus vorzubauen, dass nach dem Spruch Sr. Heiligkeit ein Ketzer noch vom Reich und von weltlichen Fürsten gehört sei. Der Rath hat einiges beseitigt, aber unwesentliches und über Erwarten viel unbeanstandet gelassen, gegen die Art der Laien, die soviel wie möglich dem Ansehen der Geistlichkeit Abbruch zu thun und alles an sich zu ziehen pflegen, mit Ausnahme des Kaisers, besonders so lange er nach eigenem Kopfe handelt. Aleander hat also auf die Wirkung des Edicts volles Vertrauen. Dass es so lang geworden, hat drei Gründe: zuerst hat der Kaiser es verlangt, dem Volke zu Gefallen, damit es nicht scheine, als habe er nur den Spruch des Papstes ausgeführt.[2]) Sodann sollten die unerhörten Irrthümer jenes Hundes ins Licht gestellt werden. Drittens schien es nöthig, den ganzen Process[3]) ausführlich darzulegen, weil Aleander niemals auf einmüthigeren Widerspruch stiess, als wenn er Luther einen Wicleffiten oder Hussiten nannte, und alle behaupteten, Huss wäre Unrecht geschehen, er wäre unter sicherem Geleit gekommen und diess Wort ihm gebrochen.

Von Löwen, wo er bereits 9 Tage gewesen und alles gut geht, macht Aleander eine Visitations-Reise nach Lüttich, wo die Einheimischen sich aufs beste benehmen, nur einige Fremde nicht, die glücklicherweise ohne Einfluss sind. Nach Löwen zurückgekehrt will er dort bleiben, bis das Edict lateinisch gedruckt sein wird. Danach wird er sich an des Kaisers Hof begeben. Auch der Bericht über Antwerpen aus dem August lautet günstig; nur einige Oberdeutsche und einige Spanier maurischen Bluts (marani) machen noch Tollheiten zu Luthers Gunsten. Das Schlimmste hat hier wie in Löwen „jener Freund" angerichtet, der ganz Flandern in Fäulniss gesetzt hat (145) und den er gütlich

---

[1]) Namentlich in der Stelle, die bei Walch als § 8 und 9 zusammengefasst ist, stellt sich in der That der Kaiser als der Executor und Vollzieher des päpstlichen Spruches dar mit Bezug auf die Verbrennungen in Köln, Trier, Mainz und Lüttich. In § 26 bezeichnet der Kaiser den Papst ausdrücklich als „dieser Sachen ordentlichen Richter, dessen Decret, Sentenz und Verdammniss laut der Bullen" er vollstrecken wolle. § 32 werden die Obrigkeiten angewiesen, in dieser Sache den päpstlichen Botschaftern oder ihren Beauftragten als Werkzeuge der Ausführung Folge zu leisten.

[2]) In § 9 und ff. stellt Aleander die hauptsächlichsten Ketzereien Luthers besonders aus der „babylonischen Gefangenschaft" als nach und trotz den Executionen veröffentlicht dar. In diesem Trotze wird denn das Motiv für den Kaiser gefunden, nach dem Beispiel seiner Vorfahren einzuschreiten, das Reich zu befragen und nach der Fürsten Meinung zu verfahren wie geschehen.

[3]) Der Process muss der Luthers sein, nicht wie es scheinen könnte, der Hussens; denn von dessen Process kommt in dem Mandat garnichts vor, nur von seiner Verurteilung, das ganze Verfahren gegen Luther und sein Verlauf (processo e successo) dagegen wird sehr ausführlich in den §§ 15—24 dargelegt. Aleander hofft für Gegenwart und Zukunft Nutzen davon, den Vorgang vom Kaiser bezeugt zu sehn.

auf den rechten Weg bringen soll. Der andere (Ketzer) hier ist der Augustiner Prior, der jetzt nur noch heimlich wirkt; der aber ist von der Sorte von Teufeln, die des Stockes bedürfen. Friedliche Mittel und Vorstellungen guter Leute haben nichts genützt, es wird wohl ein strenges Verfahren nöthig werden. Wenn die beiden zur Ordnung gebracht würden, wäre die Secte in Antwerpen völlig ausgerottet.

Fassen wir das Ergebniss zusammen.

In Löwen, Köln, Trier und Mainz hat Aleander kraft eines Mandats von Karl „für alle seine Gebiete, Länder und Reiche" den päpstlichen Richterspruch über den Unterthan des deutschen Reiches zur Execution gebracht. Am 30sten Nov. angekommen in Worms, stösst er zuerst auf Widerstand; das Selbstbewusstsein des deutschen Staates regt sich. Der Kaiser indess lenkt ein und nimmt die Berufung Luthers an den Reichstag (Dec. 17) zurück. Am 29sten Dec. (?) kommt ein der päpstlichen Auffassung entsprechender Beschluss zu Stande; zur Ausführung aber gelangt er nicht. Der Reichstag wird eröffnet, der allgemeine Unwillen gegen das römische Joch wird laut. Am 10ten Febr. langt das päpstliche Breve an, welches den Arm der weltlichen Gerechtigkeit anruft. Schon am 13ten legt der Kaiser es der (ersten?) allgemeinen Sitzung der Stände vor und lässt es durch Aleander erläutern, begründen und einschärfen. Am 19ten Febr. geben die Stände nach erregten Verhandlungen ihre Antwort ab. Sie warnen in milder Form jedoch dringlich, Luther nicht ungehört zu verdammen und bitten um Abstellung ihrer Beschwerden gegen Rom und der Missbräuche, unter denen das Reich seufzt. Ein kaiserlicher Ausschuss hat die Entscheidung der kaiserlichen Regierung vorzubereiten. Am 28sten Febr. bringt derselbe seinen Entwurf zu Stande, der eine Vorladung Luthers nur zum Behufe der Frage, ob er sich zu seinen Büchern bekenne, und ihre Vernichtung fordert. In des Kaisers geheimem Rathe tritt die Neigung, die Lutherische Sache schonend und hinhaltend zu behandeln beunruhigend für Aleander hervor. Indess führen neue Berathungen in einem neuen Ausschuss zur Vorlage eines Mandats, in dem Aleander das Verfahren gegen Luthers Person durchgesetzt hat. Der Reichstag verwirft es und der Kaiser unterzeichnet schon am 6ten März die Vorladung Luthers nach Worms, um „der Lehre und Bücher halber, die von ihm ausgegangen, Erkundigung zu empfahen". Die Entsendung des Herolds erfolgt am 16ten März hinter Aleanders Rücken. Am 18ten März liegt der kaiserliche Erlass, der die Auslieferung der Bücher verordnet, gedruckt vor. Aleander drängt auf Versendung. Chièvres verlangt Gegenleistungen und ehrliche Unterstützung der kaiserlichen Politik. Allseitig lässt man ihn hören, der Papst halte es mit den Franzosen. Der Kaiser selbst spricht es aus, er werde wohl ein treuer Sohn der Kirche sein, aber man möge ihm auch keinen Tort anthun. Indess wird das Mandat gegen Luthers Bücher am 26sten und 27sten März in Worms angeschlagen und ausgerufen, am 28sten versandt. Beunruhigend selbst für den Kaiser bricht jetzt der nationale Unwille in den drohenden Kundgebungen Huttens von der Ebernburg her aus. Das schlagfertige Haupt der reformlustigen Reichsritterschaft wird besänftigt. Luther kommt. Er widerruft nicht. Er unterwirft sich auch einem Concil nicht. Am 26sten Ap. wird er entlassen. Der Kaiser erklärt seinen Willen, gegen Luther als einen überführten Ketzer zu verfahren. Das „heilige Bündniss" gelangt zum Abschluss. Aleander darf unbehindert die römische Auffassung in dem Entwurf des Edicts zum Ausdruck bringen. Die

Ausfertigung wird aber dennoch verzögert. Dass seine Genehmigung im Reichstag trotz der Erklärung der Stände vom 19ten Febr. auf Widerstand stossen werde, wissen die Kaiserlichen wohl. Formlos erfolgt die Annahme von Seiten der stark gelichteten Zahl der beim Kaiser noch ausharrenden Stände am 25sten Mai, am 26sten die Unterzeichnung durch den Kaiser.

Luther selbst sass unterdess schon seit dem 4ten Mai in guter Hut auf der Wartburg.